销售
从入门到精通

李金旺 著

内 容 提 要

本书从互联网销售冠军教练多年的销售和管理经验入手，讲述了作者从一线销售成长为销售冠军，再从销售冠军成长为销售冠军教练的经验、方法和教训。

全书分为上下两篇，上篇为销售高手的实战技能训练，主要从客户心理、销售高手的看家本领、管理之路、团队赋能等方面讲起；下篇为写给所有销售人的认知跃迁课，主要从7项修养、深度磨砺、跃迁之路、认知天性和情感大师等方面讲起。

本书适合销售从业者，或想学习销售技巧的人阅读。

图书在版编目(CIP)数据

销售从入门到精通/ 李金旺著. —北京：北京大学出版社，2022.1

ISBN 978-7-301-32828-6

Ⅰ.①销… Ⅱ.①李… Ⅲ.①销售－方法 Ⅳ.①F713.3

中国版本图书馆CIP数据核字(2022)第000781号

书　　　　名	销售从入门到精通
	XIAOSHOU CONG RUMEN DAO JINGTONG
著作责任者	李金旺　著
责 任 编 辑	张云静
标 准 书 号	ISBN 978-7-301-32828-6
出 版 发 行	北京大学出版社
地　　　　址	北京市海淀区成府路205号　100871
网　　　　址	http://www.pup.cn　　新浪微博：@北京大学出版社
电 子 信 箱	pup7@pup.cn
电　　　　话	邮购部 010-62752015　发行部 010-62750672　编辑部 010-62570390
印 刷 者	三河市博文印刷有限公司
经 销 者	新华书店
	787毫米×1092毫米　32开本　8.5 印张　196千字
	2022年1月第1版　2023年5月第2次印刷
印　　　　数	4001—6000册
定　　　　价	49.00 元

未经许可，不得以任何方式复制或抄袭本书之部分或全部内容。
版权所有，侵权必究
举报电话：010-62752024　电子信箱：fd@pup.pku.edu.cn
图书如有印装质量问题，请与出版部联系。电话：010-62756370

推荐序 RECOMMENDATION PREFACE

接到金旺老师的邀请,为其新书作序,对其祝贺之余又增添了一份欣喜,原因有二:其一,二十多年前我初入职场,第一份工作就是诺基亚中国公司的一名销售人员,那段职场经历成为我职场生涯的基石;其二,金旺老师是当代互联网圈公认的少壮派实战销售引领者。

他可以透过现象挖掘本质,透过本质推演逻辑,也可以在日常积累中萃取范式,在经典案例中构建模型,再将逻辑和模型升华成理论,形成实战—经验—建模—理论—指导实战的整体化全景互联网营销闭环,是当之无愧的互联网销售专家。

在中国销售圈从来都不缺少所谓的大师,尤其是产能过剩的当下。新技术的应用使很多传统行业发生了天翻地覆的变化,企业家和管理者们变得格外焦虑,而那些铺天盖地的营销推广案、销售顾问计划,在机场、高铁站随处可见。其传递的无非是销售秘籍、宝典、速成记等，用词格外激烈，如搞定、拿下、成交——这些话术让企业的市场销售人员变得更加焦虑。

有幸听过金旺老师的线下分享课，他阐述的关于销售理念的一些本质思考，令我印象深刻。金旺老师指出，一切有效的销售，都是以为客户创造价值为根基，不仅要满足用户需求，而且要给予客户超预期的价值。这是一种利他精神的传递，是万物互联的当下所有销售从业者都应具有的品格，在商业世界里也是极其稀缺的。

金旺老师身为一名销售者，从自己的亲身经历中总结行业的普适性，又以行业专家视角表达出销售行业的科学性，读者读完本书必然大有收获。书中关于客户心理部分的阐述，极具感染性，字里行间散发出一名销售老兵的同理心和共情力，勾勒出作者的销售人生之路。阅读本书犹如与金旺老师直面对话，能够切身感受到作者的思想。

我极度推崇本书的另外一个原因，是金旺老师本身就是一位销售实践者，是其理论模型的缔造者和应用者，他不是远离战场躲在指挥部里的参谋长，他是身先士卒带兵作战的销售英雄，他是国内当之无愧的实战销售专家。

我与金旺老师相识、相知、相敬。我们共同在中国推广 OKR 管理工具，其间我见证了金旺老师的魅力和真知灼见。在金旺老师的操盘运营下，OKR 管理工具在中国得到有效推广并持续普及，正在加速中国企业的数字化和智能化，这正是金旺老师提到的给予客户超预期价值的体现。

我们一生，每一次蜕变和跃迁，每一次跌倒和觉醒，每一次沉思与顿悟，都是一份份价值的叠加。成长是我们人生的刚需，而销售是当代人的必修课。

前英特尔高管
OKR 新动能创始人
《OKR 落地 24 步法》作者　　陈凯

自序 PREFACE

自 2013 年我加入互联网行业，至今有近 10 年的时间了，从一线销售员到销售管理者，我亲身经历了销售员成长的每一个环节，深深地知道一个销售员在成长路上的各种不易。

我个人很喜欢做分享，也喜欢给销售人员更多分享的机会。我相信通过分享，可以给大家带去更多的思考。最初我在自己的小团队里做经验分享，后来随着我带的团队越来越多，经过研究讨论，我们在团队内部开设了销售人才培训班。创建这个培训班，就是希望通过所有优秀的销售人员以及经理的分享和总结，全方位地加速销售人成长的步伐。的确，通过在这个内部培训班的学习，很多销售人员以及经理都收获了自己想要的东西。

也就是在那个时候，我萌生了一个想法：我要写一本销售学习手册。我希望销售新人可以利用它获得快速成长，销售老手也可以借鉴其他人的成长经验。多亏了我平时有记录总结的习惯,所以整理文字的时候节省了大量的时间和精力。

我和我们团队的核心骨干经过3个月的打磨,成功完成了《狼牙人冠军销售宝典》,当时这本"宝典"大概是行业内第一本销售学习内刊。公司里的销售伙伴得知这个消息后,都争抢着来学习这本手册。有了这本学习手册,我们在培养销售新人的时候也有了更多的辅导抓手,销售新人的成长速度快了很多。通过这件事,我深刻地意识到知识内容传递的重要性,于是在同年年底,我开通了微信公众号,希望可以把我们的成长经验分享给更多的人。

通过写文章,我结识了来自全国各地的读者朋友,同时,更幸运的是,我结识了出版策划专家黄老师。黄老师非常认可我写的文章,他希望我可以写一本书,系统地讲解销售员的成长方法论以及销售干货,于是这本书就这样应运而生了。

本书从互联网销售冠军教练的销售和管理经验入手,讲述了我从一线销售员成长为销售冠军,再从销售冠军成长为销售冠军教练的经验、方法和教训。

如果你是销售员,你将会学到销售的个人成长方法、销售情商、销售冠军的必备技巧以及销售心理学。

如果你是一线销售经理,你将会学到从销售冠军到销售经理的角色转型方法、打造销售冠军的方法、激励团队的方法、提升团队业绩的方法等。

不同于其他介绍销售理论的书籍，本书的内容都是实践检验过的方法和经验，篇篇是干货。本书的内容浓缩了我近10年来的销售经验的精华，无论是一线销售员还是销售主管、销售经理、销售总监，都可以找到自己所需要的内容。

销售的路上有这本书，你一定不会孤单。

最后，感谢我的爱人李凡对我的大力支持和默默付出，没有她多年的付出和支持，就没有我的今天。感谢曾经跟我一起奋斗的所有销售领导以及销售伙伴，感谢OKR新动能创始人陈凯老师作序推荐，感谢专业策划机构未铭图书的帮助与支持，感谢所有支持我的朋友，谢谢！

由于自身水平有限，书中难免有疏漏之处，还请读者朋友不吝指正。

另，本书提供的日常销售模板，读者朋友都可以通过扫描封底二维码，并输入本书77页的资源下载码自行下载。同时，更多有关销售的问题，也欢迎读者朋友咨询，说不定我们有缘成为并肩作战的同事、志同道合的朋友。

李金旺

目录 CONTENTS

上篇：销售高手的实战技能训练

PART 1 客户心理：他们其实没你想的那么复杂

客户维护：如何为客户提供超预期的服务？ // 3
微信营销：如何打造超高人气的朋友圈？ // 9
故事成交法：销售员都会讲故事，关键看谁的故事更动听 // 13
邀约策略：销售冠军是如何邀约客户的？ // 21
逼单技巧：28天，成交了104单 // 25
成交信号：如何发现成交信号，快速拿下订单？ // 35
大客户策略：大客户开发的六大黄金步骤 // 39

PART 2 销售高手的看家本领

步步为营：价值百万的五步销售法 // 50
邮件策略：帮你创造30%的业绩 // 55
业绩增长：业绩倍增，掌握这三招就够了 // 59
超级说服力：价值10万元的说服技巧助你快速签单 // 66
谈判圣经：80%的谈判都输在这7句话上 // 71

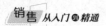

管理之路：重新认识销售经理

自我管理：如何成为一名优秀的新晋销售经理？ // 76

日常管理：销售铁军经理如何做团队管理？ // 80

绩效为王：手把手教你打造高绩效团队 // 88

潜能激发：为什么85%的员工不能发挥个人潜能？ // 96

数据为王：你为什么一定要学会数据分析？ // 100

团队赋能：如何打造一支优秀的销售冠军团队？

团队搭建：从无到有，组建战无不胜的销售冠军团队 // 109

团队波动：如何管理一支处于动荡期的销售团队？ // 117

团队凝聚：如何打造一支凝聚力强的销售冠军团队？ // 123

团队激励：激励销售团队的29个方法 // 129

下篇：写给所有销售人的认知跃迁课

7项修养：从平庸之辈到精英销售

销售员是修炼出来的 // 141

修养·价值观 // 142

修养·梦想 // 144

修养·心态 // 145

修养·习惯　　// 148

修养·专业度　　// 149

修养·情绪　　// 151

修养·坚持　　// 153

深度磨砺：初级→资深→高手

差距管理：你与销售高手之间的差距在哪里？　　// 156

试错力：销售就是一个不断犯错、不断成长的过程　　// 163

情绪管理：顺风顺水？不存在的，销售低潮期情绪管控技巧　　// 168

销售"军规"：不想被淘汰，就必须牢记的"铁血军规"　　// 172

跃迁之路：从新人到销售冠军，这些事越早知道越好

销售思维：年轻人为什么一定要做销售？　　// 178

鱼缸法则：从"小白"到销售冠军，你需要的是广袤的空间　　// 182

墨菲定律：3大误解可能毁掉你的职业生涯　　// 190

成长思维：新人跃迁，唯有快速学习　　// 195

高手策略：如何成为电话销售高手？　　// 198

发展思维：去这样的公司做销售，职业发展会更快　　// 204

认知天性：如何快速成为一个很厉害的角色

业绩差距：销售员之间的距离到底是怎样拉开的？　// 208

努力偏差：如果努力有用，这个世界上就没有穷人了　// 210

时间管理：销售冠军如何高效管理一天的时间？　// 213

不可交法则：这几类人一定要躲远点　// 219

下坡路惯性思维：一个销售员开始"堕落"的5种迹象　// 222

优秀思维：混得好的销售员都做对了什么？　// 225

情商大师：客户高兴了，业绩就上去了

情商定律：为什么情商越高，业绩越好？　// 230

吸引力法则：如何快速提升个人魅力？　// 234

走红思维：如何打造销售的个人品牌？　// 238

读心术：如何快速读懂客户，建立信任感？　// 245

零压管理：高压之下如何快速调整？　// 252

复盘思维：一个月损失了50万元业绩，只因为做错了3件事　// 255

上篇

销售高手的实战技能训练

PART 1

客户心理:
他们其实没你想的
那么复杂

客户维护：如何为客户提供超预期的服务？

对于做销售的伙伴来说，开发一个新客户着实不容易，但是很多销售人员对合作的客户并不珍惜，有相当一部分客户是因为对销售员的服务质量不满意而选择不再与其合作的。最后销售员的工作就会陷入一个恶性循环：开发10个客户，流失9个，然后再开发，再流失，以致做得一直很辛苦。

在360搜索事业部，有一个叫Li的老销售员，他加入公司5年了，每个月差不多都能签5~6单，半年下来有30多个客户。但到年底统计活跃老客户人数时，他发现只剩下不到10个客户，70%的客户都流失了。为什么会出现这么严重的流失后果呢？带着这个问题，我针对一些老客户进行了电话回访。

我在回访一个北京做家具定制的客户的时候，对方老总说，你们这个销售员在签单前热情满满，签单后就冷酷无情了，每次都是我给他打电话，他几乎没有主动给我打过电话，处理事情也总是很慢，我实在是无法忍受这个销售员了，我希望你们换一个销售员跟我对接。

后来我又陆续回访了Li的一些客户，发现或多或少都有这样的问题，我一下子就明白为什么他的客户流失率这么高了。因为这个销售员是从其他团队转过来的，我对他以前的情况不怎么了解，从那以后，我对他提出了严格的售后服务要求，从沟通频率、处理问题的速度、服务质量、服务细节等多个维度做了具体的要求。如沟通频率，要求他每两周跟老客户做一下沟通，不管是发微信、打电话还是发邮件，总之得进行沟通。3个月后，他的客户留存率提高了50%。

1. 客户回访

不可否认，很多销售员都存在严重的短视行为，只想着签单拿提成，签单后客户就跟他无关了，这是干销售这一行的大忌。为此，我设计了一个"客户回访记录表"（表1-1）和一个"客户反馈表"（表1-2）。通过这两张表格，我既可以督促销售人员完成回访工作，也可以了解具体的进展情况。更重要的是，还可以了解客户的真实想法。

表1-1　客户回访记录表

客户回访记录表			
公司名称		联系人 姓名、职务	电话
回访方式	□电话回访	□现场回访	□网络
回访频率	□每周　　□每月	□每季度	□每半年
回访内容	□产品使用情况 □产品问题反馈 □售后服务满意度 □其他		
问题 处理速度	□当天　　□1-3天	□一周	□更久
客户问题解决方案 1. 2. 3.			

表1-2　客户反馈表

甲方公司名称：××××
上级主管姓名：××××
微信：××××
邮件：××××
电话：××××

销售员姓名：××××
电话：××××

项目	满意	不满意	意见
产品质量			
服务质量			
工作态度			
形象、言谈举止			
专业度			
综合意见			

　　注："客户反馈表"在设计的时候不宜过于复杂，因为大家都很忙，很多客户仅会在"综合意见"一栏草草写上一句，很多人甚至根本没时间填写。这就要求我们一定要留下上级主管的联系方式，客户如果真有问题，就会直接与我们沟通。

　　有服务和没服务的差别非常大，但要为客户提供超预期的服务，就需要下一番功夫。

2. 计算客户的终身价值

　　为什么要计算客户的终身价值呢？这是为了解答销售伙伴心中"为什么要为客户提供超预期的服务"这个问题，这一点想明白了，才能真正愿意为客户提供服务。思想上想不通，行动效果一定不会好。

什么是客户的终身价值呢?客户的终身价值指的是从开始合作到终止合作,一个客户能给你带来的业绩。

客户终身价值=单笔购买金额×每年购买的次数×合作年限

举例:一个做机械设备的客户,平均单笔消费5万元,平均每年购买3次产品,平均合作的周期是1年,那么这个客户的终身价值就是5×3×1=15(万元)。

这也就意味着,只要你签了这个客户,你就会有15万元的业绩预期。当然,这只是一个参考的平均值。至于具体数字,要通过对服务客户进行大数据分析才能得知。客户终身价值计算表如表1–3所示。

表1-3 客户终身价值计算表

项目	内容
行业	
产品	
单笔购买金额	
每年购买次数	
合作年限	
客户终身价值 = 单笔购买金额 × 每年购买次数 × 合作年限	

3. 客户满意的四要素

世界知名服务专家莱昂纳多·因基莱里在经典畅销书《超预期》里写道:"无论何时,如果客户能得到以下4项服务,他们就会满意。"

第一,质优的产品;

第二,由细心周到、热情友善的人员提供服务;

第三，服务及时；

第四，解决问题的过程有效果。

我们改变不了产品，能做的就是做好其他三项服务，那么具体该怎么做呢？

第一步，建立客户档案

为了及时准确地为客户提供服务，我们一定要建立客户档案。据调研，80%的销售员并没有做客户档案的习惯，只有20%的销售员做了，其中只有不到10%的销售员在不断更新优化客户档案。

经过长期的跟踪调研发现，正是这10%的销售员创造了85%的业绩，收入是其他销售员的3倍以上。下面是我设计的"客户档案"（表1-4），供大家参考。

表1-4　客户档案（实时更新）

分类	项目	内容
基本情况	姓名	
	联系方式	
	年龄、生日	
	公司以及家庭地址	
	籍贯	
	社交媒体使用情况	
	性格	
	公司名称	

续表

分类	项目	内容
基本情况	职位和工作职责	
	合作产品	
	签约金额及复购情况	
生活方式	最不喜欢（就餐、交流、工作、性格）	
	最喜欢（爱好、工作、就餐）	
家庭情况	□婚姻□配偶□子女 □父母□兄妹□宠物	
客户与你的私人关系	□相识□一般□朋友□深交 或者有亲戚朋友在公司	
客户需求	客户对产品或服务有哪些方面的喜好	

第二步，定期回访

主动跟客户沟通，但千万不要过于频繁地推销，否则客户会不敢接你的电话。

回访周期：一般 B2B（Business to Business）的产品服务，定期回访有两个节点和 1 个周期。第 1 个节点是合作的第 1 周内，第 2 个节点是合作的第 3 周内，每隔两周回访一次，也就是 1 个周期。当然，不同的产品肯定会有差异，销售员可以根据公司的产品进行具体分析，制定适合自己的周期。

回访形式：一般有打电话、聊微信、进行面访等形式，销售员要针对不同的客户采用不同的回访形式：爱聊天的可以多打电话，不爱长聊的可以采用微信互动。对于大客户，一定要定期上门拜访，一方面是增强客户的信任感，另一方面是让客户感觉到你对他的重视。

第三步，提供细致周到的服务

细致周到的服务全靠细节，我总结了7个服务细节，每个细节都经过了我和我们团队伙伴的验证，大家可以大胆借鉴。

> **7个服务细节**
>
> ★ 写感谢信。这是独特的增进销售员与客户感情的方法，最好是"手写"。
> ★ 说贴心话。在寄合同或者发票的时候，写几句贴心的话会让客户对你印象深刻。
> ★ 帮客户办事。把客户当作朋友，帮忙办事是理所当然的事，最好是能够搞定客户办不到的事，以凸显个人价值。
> ★ 购买客户的产品。如果你消费得起，那么可以购买客户的产品，支持一下客户的生意。
> ★ 帮客户介绍生意。建合作客户群，帮客户推荐生意。
> ★ 节日问候。中秋节、元旦、春节都是做客户服务的好时候，尤其是客户生日的时候要及时问候。
> ★ 送特产或小礼物。给客户带一些家乡特产或小礼物，很容易拉近彼此的距离。

提供超预期的服务是现代企业经营制胜的不二法宝，海底捞、顺丰速运都是靠服务赢得好口碑的典型企业。作为销售员，如果你所在的企业有良好的服务，当然是好事；如果没有，你可以自己为客户提供超预期的服务，这样你会更为与众不同，你的订单会源源不断，你的业绩也会持续增长。

微信营销：如何打造超高人气的朋友圈？

我对微信营销的重视，要从我在红圈营销做大区经理的时候说起。

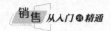

在渠道部有一个同事，我们叫他雷哥，不管市场行情怎么样，他的业绩一直特别棒。我们都很好奇，想知道他到底有什么独门绝技，可以开发出那么多客户。直到有一次，总监 Milly 安排雷哥做了一次分享，雷哥在分享的时候重点提到了"朋友圈营销"这个概念，并且举例说明哪些客户是因为看了他的朋友圈主动找到他咨询合作的。我们都很惊讶，有这么好的事？主动开发客户，客户都爱搭不理，看到朋友圈之后客户居然主动咨询，简直太神奇了！

分享结束后，我把雷哥的朋友圈翻了个遍，看他都发了哪些内容，并且时刻关注他的朋友圈动态。通过研究他的朋友圈，我貌似找到了一点规律，摸索着发起了朋友圈动态。一开始我经常转发公司的利好消息、全国各地分公司直客销售的签单喜报，还有董事长刘总出去做演讲分享的内容，发了没多久，确实见了效果。有些意向客户开始给我点赞，并且主动评论，咨询项目合作。我看这事有戏，就开始钻研起来。

后来我从红圈营销离开，加入了北京 360 搜索销售团队，我开始高频率地进行朋友圈营销。通过朋友圈，我招到过好的销售伙伴，吸引到很多同事和领导关注我们团队，也成交过很多客户。不仅我自己进行朋友圈营销，我还把这套方法分享给了我们团队的小伙伴，他们也开始用起来，很多人都从中受益。

接下来讲一下具体的操作方法。

1. 做好内容营销

方法一：固定时间持续给客户发送特定类型的内容。 如笑话、小故事、天气预报、正能量的话、行业资讯、最新产品资讯等。

不管发送什么内容，都必须在固定的时间段发送固定的类型，而且一定要持续地发。千万不可以今天发送笑话，明天发送天气预报，后天发送产品资讯。这样不容易让客户记住你，更不容易形成个人品牌效应。

在360搜索有一个冠军销售员，叫Polly，她会在每天早上8点给所有潜在的客户发送笑话，一开始没有客户回复她，但是在发了两个星期左右的时候，开始有客户回复了，甚至有客户开始咨询了解产品的详细情况。通过发送笑话，客户对产品的抵触情绪减少了很多，也逐渐对销售员产生了信赖感。随着内容的持续发送，客户对销售员越来越认可。就是这样一个简单的动作，让这位冠军销售员在不到6个月的时间多签了20单，销售业绩增长了近20万元。

方法二：在微信朋友圈发送高价值的内容。我们团队有一个很厉害的销售，名叫Ruth，她在这方面做得特别好，1年的时间，仅仅通过朋友圈就成交了40多单，业绩增长了近40万元。她是怎么做到的呢？我总结了3大板块，共16个细节点（表1–5），供大家参考。

表1-5 朋友圈高价值内容分享表

内容属性	编号	内容特点	好处
个人动态	1	分享积极的、正能量的内容	充满正能量，给人传达你积极向上的态度
	2	展示才艺	让客户眼前一亮，容易找到更多话题与客户沟通
	3	记录正向的生活感受	展示你的生活状态，展示你真实可信、有温度的生活；还要展示你的价值，展示你有思想、有趣味的灵魂

续表

内容属性	编号	内容特点	好处
个人动态	4	分享有趣的生活小事	让客户共享你生活的乐趣
	5	分享个人荣誉和成就	展示你的业务实力和专业水平
	6	分享客户证言	金杯银杯不如客户的好口碑
	7	分享合作客户的成功案例	证明你有能力让客户从他当前的困境中脱离,达到他理想的状态
	8	分享有深度、高质量的文章	一定程度上代表着你对事情的看法和个人的认知水平
	9	发权威背书资料	展示你的权威性
公司和团队动态	1	分享公司和团队最新利好动态	展示公司经营状况好,给客户安全感
	2	分享公司和团队的获奖情况	展示公司的实力,给客户信赖感
	3	分享公司和团队活动大事件	展示公司的活跃度,给客户新鲜感
	4	分享公司和团队风采	展示公司的团队文化,给客户亲切感
行业和产品动态	1	分享行业大佬的好文章	传递行业发展趋势
行业和产品动态	2	分享有利于客户的行业消息	为客户传递积极信息,让客户开心
	3	分享新产品的上线消息	传递公司产品的更新速度,给客户信心

2. 做好关系互动

很多人都没有意识到，其实点赞、评论这个简单的动作，就意味着欣赏和喜欢。而主动给我们点赞、评论的人，一定是认可并且喜欢我们的，尤其是多次给我们点赞的人。因此，只要关注他们，他们就很有可能成为我们的精准客户。

那么，如何跟这些客户进行互动，增强彼此的信任感呢？我总结了8个步骤，如下图所示。

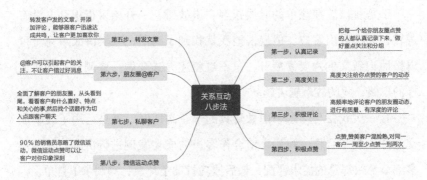

打造超高人气的朋友圈并不是一天两天可以做到的，需要坚持不懈，需要循序渐进。一旦打造好了，这个朋友圈就会成为我们的赚钱"机器"，会源源不断地为我们输送客户。

故事成交法：销售员都会讲故事，关键看谁的故事更动听

我刚从事销售工作的时候，我的销售经理James在给新人做培训的时候讲到，我们要给客户多讲案例，多讲故事，因为客户更喜欢听案例。我们问他具体该怎么讲时，他并没有给出答案。

当时我是第一次听说谈单的时候要讲故事，但并没有对这个事做

深入的研究。直到我开始做 App 客户端销售的时候，我听到公司的销售冠军 Nancy 在分享的时候也强调了这件事，但她也没说具体怎么操作，这一次这种手法引起了我的关注。

难道这是他们的成单撒手锏，不能轻易外传？之后我开始关注 Nancy 打电话时的话术，我发现她把一个个成功和失败的案例讲得很生动，每次都能跟客户聊很久。我意识到这样做可以有效拉近与客户的距离，毕竟其他销售员跟客户沟通讲几分钟，客户就烦了。

于是我试着在谈单的时候跟客户讲故事，一开始讲得很乱，没有逻辑，无法吸引客户。但慢慢地我就找到了窍门，其实讲故事完全可以按照记叙文的六要素展开，只不过叙述方式要做一些调整。按照这样的思路，我的故事越讲越动听了。

有一次我在与广东中山做灯具的郑总沟通时，就是运用了故事成交法才达成了合作。我用之前合作客户的成功案例进行讲解，其间很多细节都跟郑总的需求匹配，最后成功打动了郑总，顺利拿下订单。

合作达成后，郑总跟我说，你的故事讲得很精彩，我相信你了，你要好好为我服务。从那以后，我开始放开手脚跟客户讲故事，讲故事的水平也越来越高。

实际工作中，越是行之有效的招数，越是很少有人分享，毕竟人家是靠这个吃饭的。然而，作为团队管理者，我有必要将自己的绝技分享给团队小伙伴，我也愿意将其分享给更多同行。接下来我就教大家如何讲一个动听的故事。

1. 为什么一定要学会讲故事？

在讲方法之前，我们需要做好思想工作，否则后面的行动力会不够。讲故事的好处有很多，我总结了以下 3 条。

PART 1 客户心理：他们其实没你想的那么复杂

> **Story**
>
> ★ 乔哈里视窗：信任感
> ★ 讲故事：加深记忆
> ★ 客户更爱听故事

★乔哈里视窗：信任感

乔哈里视窗是一种沟通技巧与理论，也被称为沟通视窗，指的是要获得更多的影响力和信任感，就要不断地放大公开区域，多讲述关于自己的故事，人们知道得越多，对你的信任感就会越强。

以演员和歌手为例，由于职业的特殊性，他们的公开区域很多，所以人们对他们的信任感很强，这也是做广告都要找演员或歌手代言的原因之一。相关数据表明，讲故事能将你的信任度从30%迅速提高到70%，可见讲故事对于建立信任感的助力作用之大。

沟通视窗

	自己知道	自己不知道
他人知道	公开象限	盲点象限
他人不知道	隐私象限	未知象限

★讲故事：加深记忆

社会心理学家乔纳森·海德说："人类的大脑是故事处理器，而不是逻辑处理器。"人类天生就爱听故事、记故事，但不爱听数字，更记不住数字。大家可以回忆一下，自己还记得一个月前领导讲过的一些业绩数据吗？大多数人是记不得的，但一定会记住领导讲过的案例故事。

★客户更爱听故事

假如你要买一款减肥瘦身产品,你是愿意听产品的功能,还是愿意听用户使用产品后成功瘦身,找到高富帅的故事?假如你要报名一个英语培训课程,你是愿意听课程的大纲,还是愿意听学员学习后成功进入外企,拿到高薪的故事?假如你要做互联网营销推广,你是愿意听产品特点,还是愿意听推广之后,客户的产品卖到爆的故事?以上种种,大多数人是更愿意听故事的。

既然客户愿意听故事,我们就要讲给他们听。那么,如何才能讲出好故事呢?

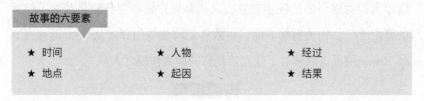

故事的六要素

★ 时间　　　★ 人物　　　★ 经过
★ 地点　　　★ 起因　　　★ 结果

故事一般包含6个要素,依次是时间、地点、人物,事情的起因、经过、结果。很多销售伙伴也会讲故事,但讲得不全面,信息不全的故事对客户的冲击力不大,因此一定要尽量将故事全部讲出来。

举例:2016年10月,我们合作了一个做汽车保险的客户,对方公司地址在北苑路大屯,他们想寻找一个新的搜索平台拓展客户,于是找到了360搜索。我们直接跟对方的市场总监杨总进行了沟通,合作之后,对方一个月内新签客户提高了20%,杨总特别满意,也特别热心肠,已经帮我们介绍了5个客户,这5个客户的营销效果也做得特别好。

> **故事六要素**
>
> ★ 时间——2016.10   ★ 起因——扩展客户
> ★ 地点——北苑路大屯   ★ 经过——一个月内新签客户提升了20%
> ★ 人物——市场总监杨总   ★ 结果——客户很满意,并介绍了新客户

2. 引导客户讲出自己的3个故事

我有一个理念,那就是从某种程度上,我们可以把销售员比作医生,客户是病人,产品就是药。作为医生,我们的职责是帮助病人把病治好。

如何医治呢?一定是先诊断。

如何诊断呢?其中一个比较有效的方法就是询问。通过询问,让客户打开心扉,把心中的痛说出来。所以,挖掘有意义、有价值的故事就是关键中的关键了。

★个人奋斗经历

我们可以问客户:"您是如何把生意做得这么大的呢?""能聊一聊您的创业发家经历吗?""您创业的过程中有什么特别难忘的事吗?"大多数创业者都喜欢讲自己的创业故事,一般问到这个问题,客户都会讲给你听,一旦客户讲出来了,你们之间的距离就会被拉近。

在做App销售的时候,我有个做律师的客户,我称他为陈总。我问他:"您是如何成为这么有名的律师的呢?"他听后哈哈一笑,说:"这要讲起来,故事可多了。"他一连串讲了很多故事,甚至连他家人的故事都讲出来了。

听完后我大吃一惊,原来他们家是律师世家,他的父亲、母亲、媳妇、儿子、儿媳妇都是律师,一家三代都是大律师,太难得了。当然,这个信息也太重要了,我立刻意识到,跟陈总合作一定要加倍注意,

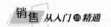

我说的话一定要有理有据,不能夸大其词,一定要耐心细致,不然很难赢得对方的信任和青睐。

后来,经过我耐心的沟通和细心的服务,最终达成合作,陈总也成了我的超级大客户,跟我签订了很多大金额订单。

★目前生意中遇到的问题

我们可以问客户:"目前您在生意中遇到的最大问题是什么?""当下的生意,您最希望哪些问题得到解决?"

我有一个广西南宁做茶叶生意的客户张总,我问他:"现在生意您上遇到的最大的困难是什么?"他跟我诉说了半个多小时,讲目前的生意多么不景气,市场竞争多么激烈,运营成本多么高,销量在持续下滑,苦于找不到好的销售渠道,等等。

听完他的故事,我锁定了张总的需求点,我们的产品刚好能帮助他解决当下的问题。于是我跟他讲述了我们的产品如何满足他的需求,怎样解决他的问题。他听完我的故事后,当场就决定跟我签约合作。

★客户心目中理想的供应商

我们还可以问客户:"目前您最喜欢的供应商是哪家,对方有什么特点?""您心目中理想的供应商应该提供什么样的服务呢?"

我有一个上海做金融理财的客户赵总,他是典型的理想主义者,对每个供应商都有理想的期盼,希望供应商可以为他提供优质的服务。

当我问到他期盼什么样的服务的时候,他讲了很多期盼,讲了目前为他提供优质服务的供应商的特点以及他们之间发生的一些故事。我通过客户讲的故事了解到了客户的想法,有针对性地讲了我们能为他提供的服务,最后成功签单。

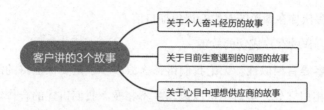

3. 每个销售人都要会讲的3个故事

★你为什么要做这份工作

有句话说得特别好："人们不会为你的工作买单，而会为你为什么干这份工作买单。""自己为什么从事这份工作"的故事，被绝大多数销售员忽略了。其实这个故事不仅能促进签单，还能让销售员更加坚定地开展工作。

假如客户问你，你为什么要做这份工作呢？你做这份工作的意义是什么？如果你的回答里除了赚钱，没有其他，多半情况下你们签不了单，如果对方是大中型企业的老板，你的签单概率会更低。如果你的回答里不仅有赚钱，还有使命感、意义感之类的答案，那么你们的签单概率会很高。

我在做红圈营销大区经理的时候，遇到一个做硬件设备的客户，他问我："金旺，你为什么要做这份工作？"我回答："我觉得我们这款产品可以在真正意义上帮助企业解决移动销售管理的问题，我觉得这件事很有使命感，是一件真正能帮到他人的工作。我不仅自己从事这份工作，还邀请过去的同事加入进来，一起帮助更多的企业……"后来，这个客户跟我顺利签单。

在360搜索时，我经常跟团队伙伴讲解做这份工作的意义。我们做的这份工作是有使命感的，是有很大社会价值的。我们的工作使命是"帮助更多的中小企业老板成功致富"。也正是这份使命感，让我

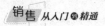

们的销售伙伴在谈单的时候变得更加自信。

★合作的客户成功的故事

故事要有相似性。无论我们讲什么故事，一定要保证讲的故事跟客户有相似之处，绝对不可以风马牛不相及。我们讲述的合作客户成功的故事跟意向客户的情况越相像，比如，同一个行业、同样的规模、同样的地方、同样的经营现状，甚至连创始人的相关背景都相似，故事的效果就会越好。

假如客户是做化妆品生意的，我们就要讲述自己或者团队伙伴与化妆品客户合作的故事；假如客户是做职业教育的，我们就要讲述与教育客户合作的故事；假如客户是做直播的，我们就要讲述与直播客户合作的故事。

合作前后对比。合作前企业是什么样的状况，合作后企业又是什么样的状况，通过合作为客户带来了多少客户、赚了多少钱以及老板的生活变化等都要讲出来，变化越明显，故事的效果越好。

★没有合作的客户，受到了怎样的损失

厌恶损失是人性的特点，通过讲这样的故事给予客户暗示，让他们意识到现在不合作损失会有多大。要讲出没有跟你合作的客户付出了什么样的代价，损失了多少钱，少了多少客户，丢掉了多少市场份额，增加了多少竞争对手等。

要让客户感觉自己如果不跟你合作，他会跟故事中的客户一样惨，会付出很大的代价，让客户听完后感到担心，让他产生紧迫感。当然，讲述的时候不要过于夸张，否则会适得其反。

PART 1 客户心理：他们其实没你想的那么复杂

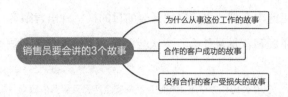

所有的故事一定要真实，绝对不可以胡编乱造，否则就会失去讲故事的功效。其实，销售员可以将故事应用于销售谈单的各个阶段，吸引客户关注、建立客户信任、客户背景调研、签约逼单收款时都能用得到。讲故事是每个销售人员的必备技能，人人都得学会。

邀约策略：销售冠军是如何邀约客户的？

2016年，360搜索要在北京召开一次千人互联网营销峰会，事业群杨总给我们各个部门的经理开了一个动员大会，分配邀约任务，每个部门分到的任务都很重。当时由于我们团队的人数相对较多，因此邀约任务更重。

距离开会还有不到3周的时间，压力超级大。得想办法把这个任务完成。当时我们团队的销售员有很多是新人，几乎没有什么邀约经验。于是我连忙写了邀约话术，给大家做会议邀约的培训。经过紧锣密鼓的准备和邀约，我们终于在开会的前一天完成任务，而且是超额完成任务，那场峰会现场座无虚席，而且还临时添加了很多座位。

其实每次会议前的邀约时间都很紧张，但总会有完成得好的团队和销售员，也有完成得差的团队和销售员。那么，该如何做好会议邀约呢？

1. 讲清楚会议的目的

作为销售员，我们自己首先要弄清楚召开此次会议的目的，并且要特别认可此次会议,之后再把开会的目的换一种语言跟客户讲清楚,如会议的主题和背景是什么,本次会议是为了解决什么问题等。

> **话术举例**
>
> 360公司作为中国领先的互联网安全产品及服务供应商,将网络安全技术和搜索引擎相结合,旨在帮助企业在不确定的经济环境中找到应对之策、生存之机、发展之道的同时,创造安全的网络环境和绿色的营销推广体验,让广大企业从中受益。

2. 利用出席会议的嘉宾吸引客户

很多会议都有重量级的嘉宾出席,这个时候一定要重点介绍宣传他们。要说清楚嘉宾的实力和背景,利用嘉宾的权威性和专业性吸引其他客户的关注和兴趣。

我在做App客户端销售的时候,在中科院某院所举办了一次移动互联网营销峰会,公司邀请了好几位知名的中科院互联网专家来做主题分享。我们销售人员在邀约客户的时候重点提到了出席嘉宾,很多客户听说有中科院的互联网专家做主题分享,主动报名参加,其中有很多客户专门从三亚、广州、成都坐飞机过来参加会议。

> **话术举例**
>
> 您好!我想问一下您之前有没有参加过商界精英的一些交流会。出席这次会议的有知名上市公司××的高管、中科院知名互联网专家,还有您所在行业的龙头企业。您是行业中的知名企业,这是一次特别好的跟互联网专家和大企业家面对面探讨的机会,对您来说意义非凡。我想您一定有兴趣吧。

3. 分析参会的好处和不参会的坏处

我们一定要非常清楚地告诉客户为什么一定要参加会议,参加会议的好处是什么,不参加会议的坏处是什么,这是客户决定是否参加会议的关键点。在整个邀约过程中，我们要花80%的时间跟客户讲清楚这个问题。特别要注意的是，我们说的好处和坏处一定要真实，千万不要太夸张。我们在给客户打电话前，至少要列举出参会的5点好处及不参会的5点坏处（表1-6）。

表1-6 参会的好处及坏处

参会/不参会	互联网营销峰会举例	你的行业举例
参会的好处	了解如何将传统生意跟互联网结合	
	了解传统企业如何进行互联网转型	
	了解企业如何更好地进行互联网营销	
	跟100位企业家进行互动交流，积累人脉	
	有机会跟互联网专家进行深入的交流、学习	
不参会的坏处	不能深入了解互联网营销的发展、应用趋势	
	错失新的互联网营销推广机会，错失商机	
	错失跟100位企业家交流、分享的机会	
	错过跟同行优质企业学习的机会	
	错失提高公司知名度的好机会	

4. 说清楚会议规模和对参会人员的要求

会议规模很简单，照实说就可以了。对参会人员的要求要花点心思，我们要跟客户说明白，"不是每个客户都有机会参加这次会议"，参加的客户都是经过一定筛选的。这样说的好处是让客户获得优越感，同时也强调会议的格调之高。

话术举例： 本次会议是一次高端的、专业的、务实的互联网营销大会，对参会企业家的要求是，参会人员必须是企业负责人或者高管，每家企业只限一人参会，所以机会非常难得。

5. 弄明白参会对签单的好处

很多销售员虽然知道邀约客户的说辞，但总是对邀约不够重视，甚至不愿意邀约，认为邀请客户参加会议没有什么意义，不仅耽误时间，而且耽误业绩，其实这是非常错误的想法。

邀请客户参加会议是促进开单非常好的方式。一方面，会议可以更大程度地提升品牌的曝光度，让客户对于销售员的公司更加了解和信任；另一方面，邀约参会也增加了销售员说服客户的机会，原来只有一次说服的机会，一有了开会这个契机，就变成了至少三次说服机会（表1-7）。

表1-7 三次说服机会

机会点	好处
会议前	借助参会来说服客户提前签单
会议中	现场嘉宾的演讲以及氛围都会帮销售员再次说服客户
会议后	回访客户的好时机，既可以增进彼此之间的了解，又可以再次促单

再多的技巧也比不过发自肺腑的真诚邀约。我们在邀约的时候，讲的会议的主题、参会的好处和坏处都必须是真实的，绝对不可以胡编乱造忽悠客户，否则我们的信誉会被彻底毁掉，无法再在销售行业中立足。真诚是每个销售员立足于这个行业的根本。

逼单技巧：28天，成交了104单

逼单是销售过程中特别重要的一环，就像是足球赛场上的临门一脚，这一脚可以决定胜负。无论是新销售员还是老销售员，想过好这一关都不容易。

2013年6月6日，我正式进入互联网行业，第一份工作是做App客户端的销售工作。当时我们开发的客户绝大多数是外地的，能在电话里跟客户有效沟通已实属不易，更何况是成单，可谓难上加难。

我记得江苏一个做电力设备的客户，我前后跟他通了四五通电话，但客户就是不付款。事后我分析，最关键的原因在于我不敢逼单。每次聊天我总是话到嘴边就停住了，不敢向客户提出要求。

有一天晚上，我们团队在做客户梳理的时候，经理问我这个客户的情况，我说："客户有点磨叽，迟迟做不了决定。"经理说："金旺，你狠狠地逼单了吗？"我回答："没有，我只是简单说了一下合作的事，并没有逼着他签约付款。"经理说："这可不行！你得狠狠地要求他，逼他。不要怕，大不了就是把这单逼'死'而已。在成长的路上，如果你没有逼'死'过几个客户，你就算不上合格的销售员。"

听了经理的话，我晚上想了想逼单话术，第二天一上班就联系了那个客户。我当时跟客户说："王总，咱们联系这么久了，您对公司和我也十分了解了，咱们今天就把合作这个事定下来吧。"王总说："我下个月再做吧，这个月事情有点多。"我说："是这样的王总，您早晚都要做，最好是这个月做，这个月做对咱们都有好处，您可以得到更多的增值服务，而我也可以拿到新人冠军。这个月我已经成交了两单，目前在新人中排名第一，如果能加上您这一单，我基本就稳拿冠军了。您帮我这一把，我以后一定为您竭诚服务。"就这样，我逼单成功，客户答应当月付款。

在这个案例中，我用到的是荣誉逼单法，也称为销售冠军逼单法，就是通过打感情牌拿下客户。这种方法对于联系了很久的客户非常有效。因为双方已经进行了一段时间的联系，非常熟络，这时候请求客户帮一把，完成业绩、拿到殊荣，这种锦上添花的事大部分客户都是愿意帮忙的。

后来我又研究了很多逼单的方法，总结起来大概可以分为5类，其他方法则是在这5类方法上衍生而来的。

2016年3月，当时我在负责北京360搜索的互联网广告销售业务，带领着一个18人的销售团队，我们当时设定了一个当月突破100单的目标。为了完成这个目标，我们所有人达成一致，对每个有意向的客户进行全力逼单，坚持一个意向客户也不放过的原则，不到最后决不放弃。通过使用我总结出来的5类逼单方法，团队单月创下了单个团队成交104单的销售记录，刷新了行业的历史纪录。

接下来我就具体介绍一下这5类逼单方法以及具体如何应用。

这里要说明的是，虽然逼单话术难免会有点夸张，但千万别太夸张，一定要符合实际情况，否则会适得其反。

PART 1 客户心理：他们其实没你想的那么复杂

第一类：情感逼单法

情感逼单法指的就是跟客户打感情牌，用客户跟你的情感快速促成签单。也许你觉得这个方法很普通，但它的作用真的很大。

该技巧适用于你跟客户联系了很久，但客户依旧不签单的情况。

我将情感逼单法又细分为4种，接下来我们就逐一进行介绍。

★销售冠军逼单法

2018年5月，我们团队的销售员Kevin当月已经完成了12单，在当月最后一天，跟第一名只差1单，若因为这么一点差距而拿不到冠军就太遗憾了。Kevin跟我说："经理，我手里有几个客户就是不付款，我真的不知道该怎么办了，你教教我方法。"我们通过分析发现，这些意向客户都是Kevin联系了很久的客户，特别适合打感情牌，于是我们想到了销售冠军逼单法。

Kevin跟开美容院的客户说："王经理，我现在差1单就能拿到本月的销售冠军，您帮帮我呗。我这边拿到销售冠军后一定不会忘记您对我的帮助，我会对您的业务倍加用心，绝对为您提供一流的服务。"说了很多类似的话后，Kevin终于打动了客户，客户不仅自己签了1单，而且又拉着好朋友签了 1 单。就是用了这个逼单方法，Kevin 赢得了当月的销售冠军。当然，使用这一技巧有一个前提，就是销售员平时的业绩很好，而且客户也知道，这样才会有效果。如果销售员平时业绩就很差，那么效果便会适得其反。

> 王总，我这个月就差 1 单就是销售冠军了，特别希望您可以帮我一把。咱们这个月把单子签了，我就能拿到销售冠军，就可以获得领导更多的关注和支持，以后也可以为您提供更好的服务，更便于咱们合作。您早晚都得做，这个月咱们就合作了吧，合作后我一定为您提供超值的服务。您这个月和下个月跟我合作，我都开心，但这个月合作相当于雪中送炭，我会对您更加感激。

★新人破零逼单法

假如你是新销售员，那么便可以使用这个方法。2018 年 7 月，我们 360 搜索广告销售团队的新人 Mike，在当月的最后两天还没有破零，我和 Mike 都很着急。他有个不错的意向客户，是做汽车 4S 店生意的，有实力但就是磨叽，于是我让 Mike 使用破零逼单法试一试。Mike 打电话跟客户说："张经理，您看咱们联系了这么久，您那边对公司和产品，以及我本人都比较认可和了解，不瞒您说，我这个月还没破零，目前您这单是最靠谱的，破零就全靠您这一单了。您的这一单对我至关重要，相当于雪中送炭，合作后我一定为您提供最好的服务，请您帮帮我，咱们今天就定下来吧。"经过一番沟通，客户决定帮这个新人一把，便跟 Mike 完成了签单。

PART 1 客户心理：他们其实没你想的那么复杂

> 李总，咱们沟通了这么久，一直聊得很愉快，也特别投缘。您也知道，我刚刚加入这个公司不久，目前还在考核期，您的这一单对我来说特别重要，它将决定我能不能在这个行业发展下去。我特别希望您可以帮助我破零，以后我一定竭尽所能，为您做好服务。您早晚都得做，这个月就跟我合作吧。

★ 团队破纪录逼单法

假如你们团队在冲刺一个比较高的销售业绩，这个时候就可以使用团队破纪录逼单法，但冲刺较高业绩这件事必须是真实可靠的，否则效果会很差。我们在2016年3月团队破百单的时候就使用了这个方法，当时用这个方法逼单成功了20多个客户。我们要求所有的销售伙伴在跟客户谈单的时候都必须强调团队破百单这一点，并且说明团队破百单对于客户的好处。印象最深的是一个做装饰装修的客户，在最后1天最关键的时候因为要帮助我们破百单，直接签了两张订单，大大加速了我们破百单的步伐。

> 王总好，我们团队正在创造业绩纪录，本月我们要冲刺100单，这是一个团队的历史纪录，目前还没有团队打破过，我们就是要破这个纪录。我们团队是公司最优秀的销售团队，领导都很喜欢我们，如果我们刷新了历史纪录，领导会给予我们更多的支持和帮助，到时候也能给您更多的支持，让您的推广效果更好。

★ 旅游逼单法

假如你们公司有奖励优秀销售员旅游的制度，你就可以采用旅游逼单法。之前我们团队的销售员John当月差一点就有资格参加韩国5日游。在距离当月结束还有两天的时候，他把所有的意向客户都联系了一遍,但没有能立刻签单的,于是他想到了向老客户逼单。

John 手里有一个很有实力的做红酒生意的老客户,这个客户的生意做得很大,客户本人对于网络推广也很认可,于是 John 想到了用旅游逼单法让客户再签一个产品。当时我跟 John 一同去了客户的公司,跟客户说了公司奖励优秀销售员出国旅游的活动,又谈了很多关于 John 个人方面的事,最后客户出于对 John 的信任,决定再签一单,帮 John 一把。

> 王总,我们公司正在举行销售员业绩 PK 活动,前三名可以去韩国旅游。我现在排名第四,距离第三就差 1 单,只要我再有 1 张单子,就有希望进入前三名,去韩国旅游了。您看我们都是长期合作关系了,您早晚都得做这个产品,咱们这个月就签了吧。您帮我一把,我以后一定会更加用心地给您提供服务。我能不能去韩国旅游,就全靠您了。

★讲故事逼单法

此方法适合于任何时候,适用任何销售员和客户。要把故事讲得生动、有亮点,故事中就一定要包含前文所讲的 6 个要素,缺一不可。例如,你可以跟客户说:"2016 年 5 月,我合作了一个做工业气体的客户,客户当时在某平台做的推广效果不好,就想寻求一个新的推广平台。当时我是跟他们老板直接沟通的,在他公司谈的合作。合作后客户在 3 个月内接了好几个大单,赚了很多钱,特别开心,十分感谢我,时不时请我一起吃饭,后来还帮我转介绍了几个客户。您跟他的情况差不多,我既然可以帮助他,自然也可以帮助您,我们签单合作吧。"

第二类:讲故事逼单法

关于讲故事逼单法,我们在前面的章节已经系统讲过了,这里不再赘述。

第三类：优惠促销逼单法

当公司对产品进行打折促销、对新品进行促销、有重磅好礼相送的时候，都可以使用这个方法逼单。2018年下半年，360公司推出了品牌广告买三送三活动，这是一个特别大的优惠力度。有很多销售员借助这个促销活动成功拿到了订单，但也有一部分销售员没有拿到新订单。抛开老客户的积累数量及质量因素外，其他影响签单的关键因素还有热情、激情、感染力等。

我无意间听到隔壁团队的一个销售员给他的意向客户打电话，客户是做英语培训的，这位销售员很平淡地跟客户介绍这个促销活动，我从他的语气及字里行间丝毫听不出热情和激动的情绪，结果对面的客户同样丝毫没有感觉，整个通话不到1分钟就结束了，这个销售员也没有拿到订单。

再看看那些拿到订单的销售员是如何逼单的。很多销售员都站了起来，很激动地跟客户说这个活动，给客户计算现在签单的话，客户能省多少钱，能得到什么样的好处；现在不签单的话，客户又会有什么损失等，最后客户很高兴地让销售员保留名额，发合同打款。

张总，告诉您一个特大的好消息。现在公司针对品牌广告商做大力度的促销活动，买3个月送3个月，相当于您以原价的5折购买，直接省了3万元，省下来的这3万元咱们可以放到其他商业广告上。此次活动一共只有5个名额，现在已经送出去3个了，还剩下2个，我正在帮您全力地争取，就怕被其他客户抢了去。这个促销力度真的是5年来头一次，太难得了，咱们赶紧订一下吧。

第四类：截止日期逼单法

截止日期逼单法是被很多销售员反复利用的方法，这个方法的使用原则就是，告诉客户现在合作的话，客户可以享受什么样的增值服务；后期签单的话，会损失什么样的重大利益，然后再用时间截止点来逼单。

有一年8月，公司推出了一个促销活动，活动的截止日期是8月31日下午6点，过期就不可以享受优惠。我有一个在上海开美容院的客户，他对一款互联网软件非常感兴趣，但迟迟下不了决定。我想了很多办法说服她，但一直没有找到好的逼单点。刚好有这次活动，我借用截止日期逼单法把客户搞定了。最终客户在31日下午5点30分完成打款，我们成功达成合作。

> 李总，月底前咱们如果可以签约，我可以申请赠送您一张1000元的"400电话"代金券。这是这个月公司做的活动，下个月就没有了。下个月您就得自己花钱买"400电话"了。

第五类：短信逼单法

现代社会信息爆炸，我们每天都会收到很多微信信息，也很容易错过一些新消息。但我们每天收到的短信却越来越少，而且短信内容大多数是关于银行卡资金变动或者个人隐私信息的，因此几乎不会被遗漏。

短信逼单法是我独创的方法，此方法更多的是打心理战和细节战，就是通过攻心来拿下客户。我和身边的销售伙伴已经运用这个方法成功逼单了上百个客户，效果特别好。

一般什么时候使用这个方法呢？在销售员跟客户已经达成了合作意向，但客户突然电话不接、微信不回、QQ信息也不回的情况下，就可以使用短信逼单法。

有一年中秋节前一周,我开发了一个做保健品的客户,跟客户已经达成了合作协议。原本以为一切都会很顺利,签合同、打款,按流程进行。但就在网签合同后的第二天,客户失联了。电话不接,微信、QQ信息都不回复,我心里很着急。眼看就要中秋节放假了,如果客户不能及时打款,节后这张订单恐怕就黄了。

这个时候我想到了短信逼单法,于是给客户发了一条长达150字的短信,短信中说明了我发短信的目的、对客户的理解和认可,同时表达了客户现在付款的好处,以及我当下的困境,最后还给了客户台阶下,没有完全逼"死"。

我当时抱着试试看的态度,晚上8点钟发出了短信,没想到第二天早上5点30分,我收到了回复,内容是"小李,看到你的短信很感动,你很细心,我今天下午给你付款"。当天下午3点客户把款项打到了公司账户。

这是我第一次使用短信逼单法,没想到还挺管用。后来我又用了很多次,每一次都有效果。于是我把短信逼单法的内容归纳为4大原则,分享给了其他销售伙伴。

原则 01 理解客户——认可、赞同、相信

原则 02 告诉客户，跟你合作有什么与众不同之处

原则 03 告诉客户，当下立即跟你合作的好处

原则 04 释放情怀，给客户台阶，不要逼"死"

> **话术模板**
>
> 王总，我是xx，这几天您一定是有事在忙，我特别能理解您当下的心情，我在特别忙的时候也会有很多事顾不上。（理解客户）
>
> 是这样的，我这个月在冲刺公司总销售冠军，目前就差一单了，该找的客户都找了，确实没有合适的，您是目前最合适的。如果我可以拿到公司的总冠军，我就可以获得领导更多的支持和认可，在公司办起事来也更加方便，以后也能给您提供更多的便利和帮助，让咱们的合作效果更好。（你的与众不同之处以及与你合作的好处）
>
> 说实话，我特别渴望您这个月可以跟我合作，但如果您那边确实有事，不方便办理也没关系，咱们以后合作我也很开心。最后，我衷心地希望您可以考虑一下这个月跟我合作，我也希望可以更早地帮助您，顺便也帮我一把。（给台阶）
>
> 全是肺腑之言，希望您斟酌。希望可以尽快得到您的回复，谢谢。祝您工作顺利、事业蒸蒸日上。

逼单的方法大家看了都懂，但关键在于实践，逼单高手都是练出来的。不要怕逼"死"客户，作为销售员要清楚，真正的意向客户是不会被逼"死"的，即便真的被逼"死"了，销售员也不要担心，因为在销售员成长的路上，这很正常。没有逼"死"过一个客户的销售员，

算不上一个合格的销售员。

成交信号：如何发现成交信号，快速拿下订单？

在今日头条任职时，有一次我陪销售员 Jacky 去见了一个做大型汽车美容保养的客户。Jacky 是一个入职半年左右的新人，销售经验还不是很丰富，但口才很好，很机灵，见到客户没用几分钟就完成了破冰，拉近了彼此的距离。

客户对我们很认可，于是 Jacky 拿出手机给客户做抖音广告的演示。在演示的过程中，客户提出了很多问题，比如，你们可以帮忙做短视频吗？你们的广告可以定位到方圆几公里？如果合作了，后期会有几个人给我提供服务？都有什么服务？有什么额外的费用吗？如果我感觉广告效果不好，可以随时叫停吗？

我马上意识到这个客户可以签单，应该立刻提出签单的要求，但 Jacky 还在讲产品的各种好处，完全没有意识到客户的预成交信号。

我立刻打断 Jacky 的陈述，把话锋转移到了签约的话题上。我说："刘总，我能感觉得到您对我们的产品特别认可。想问您一下，您打算什么时候开始投放广告？"刘总说："我想下周五以前就投放。"我回复道："今天已经周五了，还有不到一周的时间，我们准备素材、审核广告需要几天的时间，咱们今天得赶紧把广告这个事确定下来，不然怕耽误您的广告上线。"

刘总爽快地答应了，我让 Jacky 把合同拿了出来，刘总扫了一遍合同，询问了几个细节，很快就签订了合同并打了款。

签约完成后，客户把我们送出了公司。出来后我对 Jacky 的整体表现做出了肯定，同时我们做了简单的复盘，我问他："你觉得刚刚谈单的过程中出现了什么问题？"Jacky说："我反应迟钝了，还想跟客户多说一些呢，没有意识到要提出签单要求。幸亏您及时转移了话题。"我告诉他："当客户表现出成交信号的时候，我们要立刻提出签约要求。如果客户不肯签约，就要继续深挖；如果没问题了，就可以直接拿下了。我们谈单的原则是，能用15分钟解决的问题决不用30分钟，一定要记住，多说无益。"

其实像Jacky这样在谈单的时候发现不了客户成交信号的销售员大有人在。那么我们该如何快速识别客户的购买信号并拿下订单呢？

1.4种信号表示客户感兴趣

著名的人类学家、现代非语言沟通首席研究员雷·伯德威斯特尔认为，在两个人的沟通和交流中，口头传递的信号还不到全部意思的35%，而其余的65%则主要靠肢体语言来传递。与口头语言不同的是，肢体语言大多数是下意识的，是内心想法的真实反馈。也就是说，客户的肢体语言代表着客户的心声，抓住肢体语言就相当于抓住了客户。

★不断微笑

在谈单的过程中，如果我们发现客户很开心，不断地微笑，而且是真诚的微笑，这就代表客户对我们的产品很感兴趣。如果客户没有兴趣，他会想办法立刻结束谈话，不会做出这样的表现。

★频频点头

当我们跟客户介绍产品的时候，如果客户不断地点头，就代表客户很认同我们的想法，对我们的产品很认可，客户签约的概率会很高。

★眼神放光

心理学家研究表明：当人看到有趣的物品、注视自己所关心的事物时，瞳孔会比平时扩大很多，目光看起来炯炯有神。在沟通的时候，如果我们发现客户有这种表现，就表示客户对产品很感兴趣。相反，如果客户的眼神黯淡无光，则表示他没有兴趣。

在今日头条任职时，有一次我跟销售员 Lisa 去见了一个做英语培训的客户。当我们讲到抖音广告能给客户带来一些好处的时候，可以很明显地看出，客户的眼睛"亮了"，说明他对产品很感兴趣。我们意识到这是成交信号，马上提出签单要求，很快就把客户拿下了。

★双腿分开

心理学研究发现，人们只有和家人、朋友在一起的时候，才会出现两腿分开的姿势。我们在面谈客户的时候，要注意客户的坐姿。如果客户的双腿逐渐地分开，说明客户开始放松，对我们的信任感在不断地增强，客户想进一步了解我们的产品。这个时候我们要乘胜追击，一举拿下客户。

2.6 种购买信号

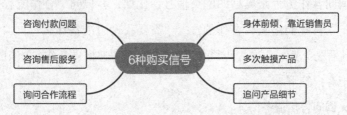

★身体前倾、靠近销售员

客户跟销售员的距离拉近，说明二者之间的信任度越来越高。在 360 搜索时，有一次我跟销售员 Jim 去见一个做写字楼租赁的客户。客

户钱总安排我们在一个很大的会议室里见面,我们跟钱总隔着一张很大的办公桌。一开始客户的身体是向后倾斜的,随着沟通的进行,钱总的身体逐渐向前倾,态度也越来越好。我们快速捕捉到了成交信号,马上提出了签单要求,顺利拿下了这笔订单。

★多次触摸产品

当客户对产品有兴趣、要购买产品的时候,往往会不断触摸产品。比如,我们去逛服装店的时候,店里那么多衣服,为什么我们要触摸其中某一件?一定是我们对那件衣服有兴趣。再如,我们去4S店看车,一定是对某款汽车感兴趣,才会上车感受一番。

★追问产品细节

我们跟客户介绍完产品后,如果客户不断追问产品细节,那么绝大多数情况下,说明客户的购买意愿很强。假如你是推销在线教育产品的销售员,客户如果不断追问"你们一个班有多少人?""你们的上课时间是怎么安排的?""你们的教材采用的是哪家的?""你们的老师在网站上可以查到吗?"就代表客户的意向比较高。

★询问合作流程

询问合作流程是典型的购买信号,比如,客户问"合作流程是怎样的?""我们是怎么合作的?""需要我这边准备什么?""下一步的流程怎么走?"这些问题的时候,一定要快速推进合作,少谈废话,尽快把客户签下。

★询问售后服务

如果客户不断询问关于产品售后服务的细节,那么一定是客户对产品有浓厚的兴趣,而且很有可能会购买。比如,我们去苏宁买冰箱,如果我们对某款冰箱很感兴趣,就会询问很多关于这款冰箱的售后服务问题，问得越多，代表购买欲望越大。再如，假如你是做网站建设的，客户问"合作以后，你们会安排专属的客服提供服务吗？""你们可以提供免费的网站修改服务吗？""网站如果出现了问题，找谁来维护？"这些都是在释放成交信号。

★询问付款问题

当客户问到付款方式、发票类型、签合同的方式等问题时，就代表客户的合作意愿很高，比如，如果客户问"你们怎么收费？""你们开票税点是多少？""是线上电子签约还是邮寄签约？""支付方式是怎么样的？"这些问题，到这一步，千万不要再讲产品了，马上拿出合同来推进客户签单。

在跟客户打交道的时候，要注意把握客户的每一个信号，客户不经意的一个肢体动作都会泄露出他的购买意愿。仔细观察这些细微的动作，根据变化趋势采用相应的策略和技巧，一定可以快速地拿下订单。

大客户策略：大客户开发的六大黄金步骤

2015年，我在红圈营销的时候，签过一笔大金额订单，客户张总的公司是一家做硬件设备的大型服务商。我跟张总通第一通电话的时候，大概聊了20分钟，我询问了很多关于他们公司的情况。在沟通的时候，我抓住了一个特别重要的点，就是传统硬件服务商效益在急速下滑，他们渴望做产品转型，张总也正在考虑引进新项目。

那一年，中关村电子城已经没有了往日的兴隆，电子城的生意一天不如一天，很多商家纷纷撤店，被誉为"中国硅谷"的中关村仿佛一下子安静了下来。

在沟通的时候，我跟张总提到了中关村的现状。张总十分惊讶，在他的印象里，中关村还是前些年那幅生机勃勃的景象。我借用项目优势与张总对中关村现状的好奇，把他邀到了北京。在他还没到北京的这段时间，我们保持着很频繁的沟通。我对张总进行了360度的调研，查客户背景、查公司实力、问客户的喜好、问客户公司现状，同时我对谈单过程中可能出现的问题进行了全面的准备。

张总来到我们公司后，我先带他参观了一下，随后到一个会议室进行产品展示和沟通。我用15分钟快速把产品的后台和前端做了展示，重点环节是给客户计算做这个项目的投入产出比。

我到现在还记得特别清楚，那天上午，我在会议室的玻璃墙上写了满满好几墙字，写满了擦掉，然后接着写满再擦掉，给客户讲了将近1个小时。通过讲解，张总对产品很认可，想进一步了解合作细节。

为了迅速搞定客户，我马上想到请我们的总监Linda出马帮我和客户一起沟通。Linda的经验非常丰富，跟客户介绍得非常好，我们大概聊了半个小时，就把订单推进到签合同这一环节，因为合同中涉及的条款特别多，一时半会儿处理不完，于是我带客户去吃了个饭，又带张总去中关村电子城看了看。张总看到电子城的情景，更加坚定了跟我们合作的决心。

下午，Linda、我和刘总把合同中的条款逐一过了一遍，修改了一些细节，最后我们成功达成协议。走之前我送了张总一本书，书名是《曾国藩的正面与侧面》。张总收到书特别惊喜，而且表示很喜欢。之所以送这本书，是因为这些天沟通下来，我感觉张总的性格既温和又实在，做事踏实。我想到他应该会喜欢曾国藩，于是就送了这本书。不要小看这本书，这本书不仅是一个小礼物，更是我的细心和对客户的用心。

张总的内心应该会很温暖,跟我合作他会很放心。张总回去后第二天就把款项打了过来,我也因此成为第一个签下总代的新人大区经理。

其实,在签这张单子的过程中我做了很多准备,不然这张单子一定签不下来。从那以后,我开始重点关注大客户的开发策略。大客户开发的确十分复杂,但有章可循。经过实践,我总结提炼了大客户面谈的六大步骤。

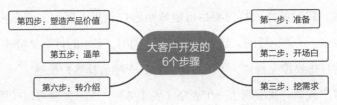

第一步,准备

成交大客户的第一步也是最为重要的一步,就是准备。如果不能做足120分的准备,就很难搞定客户。

自我准备。这是最先需要做好的,需要从心态到形象做足准备,也可以说,要从内在和外在两个方面做准备。

情景预演。这是一种心理暗示的有效方法,一般是通过想象目标达成的画面来做积极的心理暗示。

比如,明天你要去国贸见一个做软件开发的客户,头一天晚上你就可以多次想象去见客户的全过程。

你从公司出发,坐10号线地铁到了国贸,来到客户的公司。客户很开心地接待了你,你们聊了很多关于产品合作的细节,聊了未来的规划,并且很愉快地达成了合作协议。

客户如约打款,你很开心地离开了客户的公司。来到楼下,你很

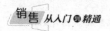

兴奋地拨通了你们公司经理的电话报喜,经理对你大为称赞。你开心地坐车回到了公司,迎接你的是团队小伙伴热烈的掌声。

心里想象的次数越多,想象的画面越详细,跟客户谈的时候会越顺畅,签单的概率也就越大,这个方法我屡试不爽。

形象准备。形象设计圈流行一句话:"你的形象价值百万"。事实的确如此,我们的形象直接体现着我们的审美、气质以及工作和生活现状。我们的穿衣打扮要尽可能地跟客户相近,因为人们只喜欢跟自己性格、兴趣相近的人建立深度联系。同时,男士的打扮要精神干练,女士的打扮要漂亮得体,不可过于暴露,否则会让客户反感。

客户背景。我绘制了一个表格(表1-8),大家完全可以按照这个表格去做准备。

表1-8 客户背景资料

准备类型	具体内容	客户情况
公司背景资料准备	行业地位	
	规模大小	
	年销售额、主要的销售市场(区域、省份、城市)	
	销售渠道及各自的占比(传统渠道、网络渠道)	
	客户公司的预算	
	公司的重大新闻(融资、高管加入)	
	主打产品以及客单价	

续表

准备类型	具体内容	客户情况
决策人资料准备	婚姻状况，是否有小孩	
	家乡和现住址	
	代步工具	
决策人资料准备	毕业大学	
	个人兴趣爱好（运动、读书、宠物）	
	喜爱的餐厅和食物	
决策人资料准备	微信朋友圈动态	

销售工具包。我们在见客户的时候要准备好公司的相关资料（表1-9），且资料要尽量详细。

表1-9 销售工具包

具体信息	你的客户
公司介绍（营业执照、相关证书、媒体报道）	
产品或服务介绍	
优秀的合作案例	
合同、财务信息、名片、签字笔	

第二步，开场白

好的开场白可以迅速破冰，拉近彼此的距离。

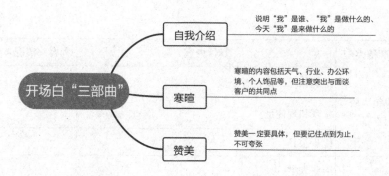

第三步，挖需求

挖需求是销售过程中很难的一个环节。有许多挖需求的方法，但大都不太接地气，没办法直接拿来使用。我总结了四字挖需求法——**望、闻、问、切**，以此挖掘客户的需求。

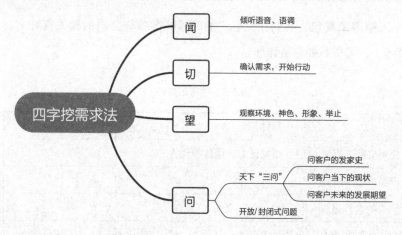

★望

望的重点在于观察，通过观察初步认识客户。

（1）观察环境。通过观察客户公司的环境，初步判断客户的性格特点。比如，办公室放一个很大的书柜，一般代表客户喜欢看书、注重学习，我们在谈单的时候就要文气一些。

（2）观察神色。通过观察客户的神色判断客户此刻的状态，是开心、在意还是毫不在意。

（3）观察形象。看客户的穿着是职业商务的还是休闲时尚的，是讲究搭配的还是随意搭配的，穿着在某种程度上可以反映客户的个性特点。

（4）观察举止。通过观察客户接待人的动作是随意还是严肃的，走路以及落座是简单粗暴的还是小心翼翼的，从传递出的信息判断客户的性格特点。

★闻

闻的重点在于听，倾听客户内心的声音。

研究表明，倾听的关键就是重复客户说的话，跟客户做确认。通过倾听客户的语音、语调了解客户的个性。客户的语调如果是上扬的，就代表客户此刻比较有意向。客户说话的速度反映了客户的个性特点，说话快的一般做决定比较快，说话很慢的一般做决定较慢。

★问

问的重点就是问问题，进一步深入挖掘。

通过望和闻初步了解了客户的个人特性、心理状态以及性格特点后，接下来就是有针对性地进行提问。有3个问题可以针对所有客户使用，简称天下"三问"。

第一问，问客户的发家史；

第二问，问客户当下的现状；

第三问，问客户未来的发展期望。

只要问到这3个问题，客户都会很愿意讲，本来15分钟的谈话可以聊到30分钟都打不住，销售员瞬间会成为客户的一位倾听者，从而

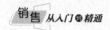

有助于拉近彼此的距离。

问开放式或封闭式的问题均可,如"在互联网营销方面,您是如何打算的?""您目前还有什么样的顾虑?""您是签约5万元的还是10万元的单子?""您是打算在北京推广还是在全国推广?"

★切

切的重点是确认需求,开始行动。

通过望、闻、问,我们已经挖出了客户的需求,最后一步只需要确认需求,按照客户的需求介绍产品即可。

张总,通过刚才的沟通,我了解到您对我们的产品很认可。不过您最在意的还是我们后期的服务质量。如果我们可以确保售后服务质量,您是很愿意跟我们建立长期的合作关系的,对吗?

第四步,塑造产品的价值

通过前面的步骤我们已经找到了客户的需求,这个时候就可以介绍产品了。介绍产品时不能简单地介绍功能,我们要学会塑造产品价值。我一般采用下面2种方法来塑造产品价值。

★独特卖点

我在给企业做销售辅导的时候经常会问:"产品的独特卖点是什么?"很多老板、销售总监都回答不上来,或者回答的根本不是卖点,于是我们就开始梳理产品的独特卖点。

独特卖点的确定有两个原则:第一个是要超越竞争对手,主要是我们有而竞争对手没有的优势;第二个是要和竞争对手不同,主要是同行都有,而我们与众不同的特点。我们可以从品牌、服务、价格、便利性、品类、技术、设计等维度去思考产品的独特卖点。

PART 1 客户心理：他们其实没你想的那么复杂

比如，沃尔玛天天低价、农夫山泉有点甜、海飞丝去头屑、飞鹤奶粉更适合中国宝宝体质，这些都是独特卖点。我们要用独特卖点去谈单，而不是用泛泛的卖点去谈。

★痛苦法则

有一家宠物店，主营业务是出售和照顾宠物。他们的销售方式是让客户免费把宠物领回家喂养2周，2周后自行选择购买或者送回。结果大部分领回宠物的客户都选择了购买，而不是退回。运用这个方法，宠物店的生意异常火爆。

客户将宠物领回家照顾2周后难免会产生感情，这个时候如果送回来，就会损失很多感情和心血，大部分人都不想让自己的精力白费，所以会选择下单购买。

这家店运用的就是痛苦法则，痛苦法则也可以称为损失厌恶理论，指的是人们面对同样数量的收益和损失时，认为损失更难以令人忍受。损失带来的恐惧感是收益带来的快乐感的2.5倍。

房产中介的案例

销售员：王总，您一个月房租多少钱？

王总：每月5000元。

销售员：您租房几年了？

王总：10年了。

销售员：哇，不知道您计算过没有，在租房这件事上您已经花费了60万元了，多么巨大的一个数字。如果您继续租10年房子，您愿意继续支付60万元的房租吗？

王总：要考虑一下。

销售员：同样是一个月花5000元，您是愿意付款给别人交房租，还是愿意付款给属于您自己的房子交贷款？

客户听了这样的计算方式，八成愿意聊下去。

第五步，逼单

关于逼单，我们在前面的文章中有过详细的介绍。**逼单的原则就是稳、快、狠**。稳，不要慌，要镇定地逼单；快，不要等待，只要时机合适，就立刻逼单；狠，不要不好意思，要勇敢地逼单，要敢于下狠心。

第六步，转介绍

不管你跟客户有没有达成合作，都要提出转介绍的要求。假如你们达成了合作，那么客户跟你的关系会更近一步，你提出这个要求，大多数客户会帮你。如果情况理想，当天便有机会再签一单。

在360搜索时，我们团队的销售员John合作了一个做装修的大客户。在John的大力要求下，客户周总当场给John介绍了一个负责工商注册的客户，John当天就赶了过去，并达成了初步的合作协议。

即使双方没有达成合作，销售员一样可以要求转介绍。既然没有成交，反正也没什么可顾虑的，就狠狠地要求一下，说不定还会有更多的机会。

面对大客户时不要慌张，要稳扎稳打、步步为营。前期要多花点时间在准备工作上，准备是否充分，直接决定我们能否顺利签单。大客户的开发不是一天炼成的，6个步骤一个个通关，一个个加强，通过大量的实践，我们一定可以做出好成绩。

销售高手的看家本领

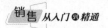

步步为营：价值百万的五步销售法

我带领360搜索销售团队时，有一个销售员小宋，他的一个客户是做在线英语教育的，小宋与这个客户已经合作了7年，累计为公司创造了500万元以上的收入。

小宋刚开始开发这个客户时着实花费了一些时间，提供案例、行业数据，开电话会议多方会谈，经过一个多月的努力终于拿下了这个客户。合作后，小宋给客户安排了运营高手协助客户做运营，有任何问题都是第一时间响应，客户对我们公司的服务评价也非常高。

一个季度以后，根据客户的市场推广进度，小宋又给客户推荐了公司的其他产品，因为彼此合作得一直很愉快，客户对销售员小宋的印象也很好，于是顺利进行了二次合作。合作稳定了一段时间以后，小宋开始要求客户帮忙转介绍。鉴于小宋的良好服务和真诚态度，客户给他介绍了好几个大客户，这些客户累计为小宋带来了几十万元的销售收入。

从这个案例中可以发现，小宋是有方法、有思路地在进行订单的推进，他没有一次性向客户提出太多要求，而是循序渐进，根据销售和服务节奏来促单。其实不仅仅是小宋，我陆续调研了我们团队以及兄弟团队的客户开发情况，发现优秀的销售员清晰地知道成交要遵循销售流程，而普通销售员则是思路和流程混乱，他们几乎没有销售流程，只是胡乱地开发和维护客户。

那么好的开发客户的流程是怎样的，是否可以标准化呢？我经过反复的研究、思考，总结出一套原创的销售流程，我把它命名为"金旺 5 步销售法"。

第一步，说服

说服客户的核心法则是，要 100% 地站在客户的角度考虑问题，而不是站在自己的立场上。

我在 360 搜索工作的时候，有一次跟销售员 Joe 去见做线上家具销售的客户王总。我们过去时，王总正在会见客人。于是我们跟秘书聊了起来，打听之后得知，王总好像在见一个做网络推广的销售员。

我们心想，还是晚了一步，被竞争对手抢先了。我跟 Joe 说，不管王总一会儿对咱们什么态度，我们都要实话实说，要站在客户的立场去考虑问题。

大概过了 10 分钟，王总招呼秘书带我们进办公室。王总很客气，给我们泡了一壶茶，我们边喝茶边聊。我问王总，刚刚那个销售员是做什么的？谈得怎么样？王总说："是做你们竞品的，谈得不怎么样，那个销售员总是说他们的产品有多好，有多大的市场占有率，一点儿都不考虑我的产品，也没有说出他准备如何帮助我把产品推广出去。我跟他聊了不到 15 分钟就打发他走了。"

之后，我们详细分析了客户如何借助 360 搜索去推广他的产品，如何帮助客户产生更多的咨询订单。我们将一整套详细的方案讲给客户听，所有的谈话都是围绕着帮助客户展开的。王总听完我们的讲解后感觉很舒服，更重要的是，我们所说的一切都是在为他考虑，帮助他推广产品。想必王总也比较过几家竞品公司，对我们的方案很满意，当场就跟我们签约，并安排财务把款项付了。

说服客户的首要前提就是站在客户的立场上去思考，要思考如下几点。

- 客户想要什么；
- 如何帮助客户实现他想要的；
- 客户要实现这个目标，需要付出什么；
- 我们需要做些什么。

第二步，成交

成交的核心法则是坚持要求，也就是不断地要求客户合作。据权威数据统计，60%的交易是在要求5次之后达成的。然而，能够坚持要求5次以上的销售员仅占4%。

剩下的96%的销售员呢？他们往往会在4次以内放弃。也可以这么理解，96%的普通销售员去竞争40%的生意，即红海市场；4%的冠军销售员去竞争60%的生意，即蓝海市场。所以，坚持要求5次以上就相当于在蓝海市场开发客户，成交反而更容易。

我在App客户端开发公司做销售经理的时候，团队的Daniel有一个做建材的客户，我对这个客户印象太深刻了。Daniel加入团队不久，对产品还不是很熟悉，当时是我陪着他去拜访的客户。

第一次拜访，约好时间在客户的公司沟通，但客户临时有事要去银行办理业务，要我们跟着一起去，可以在路上谈产品。在车上，我们跟客户简单介绍了产品，客户委婉地表示了拒绝。

第二次拜访，客户在公司结算财务账单，我们从晚上6点等到8点，又进行了第二次沟通，客户再次拒绝。

第三次拜访，约在客户的门市部见面，客户因为临时有事耽误了一些时间，我们等到建材市场关门，打着手电筒跟客户聊了20分钟，客户再次拒绝。

第四次见面，是Daniel邀客户来我们公司做实地考察。客户大概是晚上 8 点来的，我们带客户在公司转了一圈，聊了一会儿。客户说要考虑考虑，但明显感觉他已经被我们打动了，只是不想当场成交。

第五次见面是我们提出的，意想不到的情况发生了：客户二话没说，直接让我们把合同拿过来，他根本没怎么看就打算签字盖章。我说，您不看看合同？他说没什么可看的，这些天接触下来，我感觉你们两个人很实在，我相信你们，合同看不看无所谓了。现场刷卡付款，整个过程 5 分钟之内就完成了。事后客户跟我们说，之前有十几个销售员联系过他，我们是坚持时间最久的一个，所以他选择跟我们合作。

从那以后，我深深地认识到了坚持要求客户的重要性，无要求不成交。当然，我并不是鼓励大家反复地跟客户见面。通过 1~2 次见面就能搞定的客户太少了，因此我们必须不断地要求客户见面。

第三步，服务

服务的核心法则是服务胜于销售，提供超越客户期望的高品质服务。具体的做法前文已经讲过，此处不再赘述。

第四步，追销

追销的核心法则是要不断思考提供什么样的产品或服务，可以为客户创造更高的价值。

什么叫追销？追销就是让客户购买高价值新产品或是对已购产品续费。这是不断给客户创造价值，同时不断给销售员创造利润的双赢的过程。

常见的追销方式有三种。

方式一：推荐升级产品

比如，客户原来订的是基础版本的价值 2000 元的软件产品，但最近产品做了升级，你可以给客户推荐升级版本的价值 10 000 元的产品。

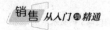

再如，很多培训班分为初级班、中级班、高级版，上完初级班，销售员会推荐中级班，这就是在做升级追销。将追销策略运用得特别好的是麦当劳、肯德基，每次我们购买套餐的时候，前台服务人员都会跟我们讲，只要加几元钱就可以换中薯或者大杯可乐，很多人都会加几元钱做升级。这个追销很厉害，试想，麦当劳和肯德基在全球有几万家店，只要每个店每天多收入几元钱，每天就会多收入几十万元、几百万元甚至几千万元。

方式二：推荐关联产品

比如，我在360搜索任职的时候，客户如果跟我们合作了360搜索竞价广告，根据客户的实际情况，我们可以继续给客户推荐360品牌广告。再如，假如你是做网站建设的销售员，客户从你这儿做了一个网站，你就可以向客户推荐搜索引擎推广业务。

方式三：推荐最新产品

新品推荐也是追销的一种方式。运用得最好的当数各大手机厂商，尤其是苹果手机，每次推出新的版本，苹果公司都会通过铺天盖地的广告，让老客户升级换代，购买最新款手机。

第五步，转介绍

转介绍的核心法则是让客户体验到跟当前销售员合作的价值，让客户满意。其核心还是做好服务工作，只要服务做得好，根本不愁转介绍。

在360搜索的时候，我曾经对团队的很多销售员进行了转介绍客户比例的统计分析，发现很多销售员30%的客户来自转介绍，甚至有的销售员转介绍的比例达到50%。我把这些数字同步给团队的所有人，大家知道后特别惊讶，所以每个人都特别重视老客户的转介绍。

有很多老销售员几乎不怎么主动开发新客户，单靠老客户的转介绍就已经忙得不可开交。我们在从事销售工作的过程中要给自己设定一个目标，即 100 个客户的目标。想尽办法，以最快的速度积累到 100 个客户，然后给这 100 个客户做好服务，只要有 10 个客户愿意帮我们转介绍，我们的业绩就会越来越好。转介绍的客户再帮我们转介绍，我们就会进入良性循环的状态。

说服的关键不是滔滔不绝地讲，而是要换位思考，学会站在客户的立场去考虑问题。成交不是靠技巧，关键靠真诚和大胆的要求。不是成交以后就完事了，做好服务才是销售真正的开始，85% 的客户都是因为我们服务质量做得好才选择留下来继续跟我们合作的。要让业绩长虹，一定要学会追销，高业绩都是追销出来的。不管成交与否都要学会转介绍，转介绍最能考验销售员的服务质量，并且可以倒逼销售员做好服务。

邮件策略：帮你创造 30% 的业绩

我在做 App 客户端销售时，发送过很多邮件，但大部分邮件都石沉大海，根本没有得到回复。我问了很多同行，大家都表示没有好方法，这个问题让我很苦恼。

直到某一个周末，我在家里复盘的时候，在一本书上看到一个营销模式，叫 AIDA 模式，也称"爱达"公式，是海因兹·姆·戈德曼 1958 年在其著作《推销技巧——怎样赢得顾客》一书中概括出来的，是西方推销学中的一个重要公式。它的具体含义是指一个成功的推销员必须把顾客的注意力吸引或转变到产品上，使顾客对推销人员所推销的产品产生兴趣。这样顾客的购买欲望也就随之产生，而后再促使顾客产生购买行为，达成交易。

AIDA 是四个英文单词的首字母缩写。第一个 A 为 Attention，即引起注意；I 为 Interest，即诱发兴趣；D 为 Desire，即刺激欲望；第二个 A 为 Action，即促成购买。

我在想，这既然是一个成功的推销公式，应该也可以应用到邮件营销上，于是我结合发邮件的场景对这个公式展开了研究，最后我总结了一套发邮件的标准化动作。我试着按照这个模式给客户发邮件，结果发现效果特别好。以前发完邮件就没消息了，现在客户收到邮件后，有的会主动联系我，要进一步了解详情。后来我用这套方法成交了很多客户，更没想到的是，这些客户前前后后为我创造了将近 30% 的业绩利润。

那么这套方法到底该怎么应用呢？我们先来看 3 个常见的应用场景。

场景 1: 给客户打了一通电话，客户让我们往他的邮箱里发一下关于公司介绍的资料。

场景 2: 找遍了所有社交网络，依然找不到某位老板的联系方式，这个时候我们便可以给他的企业邮箱发送邮件。

场景 3: 跟某些客户好久没联系了，又不好意思打电话，因此想发个邮件试试有没有机会再次合作新产品。

在这 3 种场景下，我们可以试着运用邮件营销的方法。

1. 标题

一个好的标题是什么样的呢？好的标题要能够迅速引起客户的注意，要告诉客户正文的主题是什么，要尽可能地说明能为客户带去的好处或者呈现销售承诺。

如果一定要用数字说明标题的重要性，那么这个数字就是 80%，即邮件营销的成功,标题起到的作用占 80%。标题的好坏直接决定邮件营销是否成功。

"免费""你""秘密""简单""紧急""保证""如何""为什么"等都是能够吸引客户注意力的热门关键词。

为什么你 80% 的同行都选择 360 搜索推广?

为什么你一定要选择做互联网营销推广?

5 个常见的获客问题,你想知道哪些呢?

2. 正文

第一,表达对客户的关心。

在正文开头就要表达对客户的关心和重视,让客户有兴趣继续往下读。

客服人员告诉我,您是第一次跟我们合作。因为我们非常重视每一位客户,所以我亲自写邮件给您,为您对我们的信任表示感谢。

客户看到这样的开头,一定会感到温暖,也愿意继续往下阅读。

第二,明确说明能给客户带来的好处。

明确告诉客户,他将获得什么样的好处,要具体、独一无二、有吸引力。

对您这样的 VIP 客户,我们特别推出了一项高价值服务。只要您签约这项服务,您除了可以享受正常的服务项目外,还可以得到我们公司根据多年经验总结的一本营销手册,同时还会由公司专业的销售讲师为您提供每年 4 次的免费上门培训服务。

如果你是客户，你有没有兴趣继续往下读呢？大多数客户是有兴趣读下去的。

第三，证明为什么要为客户提供好处。

对于给客户提供的好处，我们一定要进行合理的论述，否则客户会对莫名的好处感到不安。

我们提供的这本营销手册，是我的同事根据多年经验编写的，已经为公司创造了数百万元的利润，这里面的内容非常适合贵公司目前的情况，相信可以为您的公司创造更高的价值。每年4次培训，可以对贵公司的员工进行实战指导。同时，这也是对我们经验的考核和历练，让我们有更多机会走出去接触客户，可以帮助我们更好地为客户提供服务，这是一项双赢的服务。

第四，告诉客户不选择的损失。

厌恶损失是人性的一大特点，我们要明确告诉客户，如果不选择这个产品或者服务，他们会损失什么，会错失什么样的机会。

假如您现在不与我们合作，我们产品或服务的价格在下周一就会恢复原价，届时您需要多花5000元来购买。

第五，提供无风险担保。

这一点要根据你所在的行业和产品的属性灵活把控，不是每个产品都可以这样写。

在开始提供服务的1周内，您有任何不满，都可以申请退款，我们会为您安排全额退款。

大家看到这样的无风险担保，是不是有心动的感觉？

第六，号召行动。

在邮件的最后，必须说明付款方式和活动截止日期，呼吁客户采取行动。

如果您愿意合作，您可以对公转账、支付宝转账，或是直接给我们打电话。为了获得这个特惠服务，您需要在 2021 年 12 月 31 日前付款或打电话咨询，过期就没有这项服务了，还请理解。如果您没有及时致电，我们会与您电话沟通，确保您知晓这项特惠服务。

当我们无法联系到客户或者要进一步说服客户时，都可以采用发邮件的方法。只要使用得当，这个方法一定可以令你有意想不到的收获。

业绩增长：业绩倍增，掌握这三招就够了

每个销售员都想提高销售业绩，但大多数人根本不知道该如何提高。我也曾为此烦恼了很久，直到我发现了一个公式。通过学习，我发现该公式只有理论，并没有讲如何操作，于是我试着结合销售业务，开始摸索适合自己的销售公式。

很庆幸，我很快总结出了适合自己的公式。运用这个公式，我在入职第 4 个月就刷新了公司的销售纪录，在半年内做出了别人 1 年的业绩，并在第 1 年的年度业绩排行榜上位列第 3 名。后来我把这个公式分享给了我在 360 搜索任职时团队的销售伙伴，很多人运用这个公式同样取得了非常好的成绩。有一位销售伙伴运用它蝉联了 8 个月的销售冠军，还有的销售伙伴通过运用这个公式成为公司的销售总冠军。

这个公式即

销售业绩=客户数量×单笔签单金额×重复购买次数

这个公式适用于任何行业的任何销售员，只要提升 3 个参数中的任意一个，业绩都会上升很多，如果 3 个方面都提升，业绩就会大幅上升。

例如，某销售员客户数量是 100 个，单笔签单金额是 5000 元，每个客户 1 年的重复购买次数是 2 次，销售业绩就是 100 万元。假如现在每一个指标都增长 10%，销售业绩就会变成 1 331 000 元，相当于总业绩增长了 33.1%，如表 2-1 所示。

表2-1　销售业绩计算表

指标	原始数据	增长 10% 后的数据
客户数量	100	110
单笔签单金额（元）	5000	5500
重复购买次数	2	2.2
销售业绩（元）	1000000	1331000

也就是说，我们所有的工作都要围绕这 3 个方面展开，只要这 3 个方面有所提升，我们的业绩自然就会增长。

业绩增长的 3 大方法如下图所示。

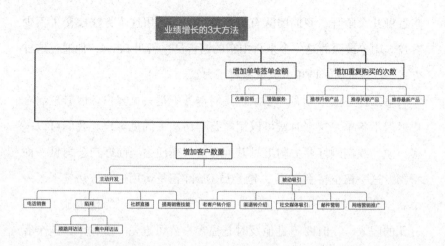

1. 增加客户数量

我们平时所说的多开发几个客户，其实就是在说增加客户数量。常见的增加客户数量的方法有**主动开发和被动吸引**两种。

第一，主动开发，包括电话销售、陌生人拜访（简称陌拜）、社群直播、提升销售技能等方法。

电话销售是 B2B（企业对企业）行业最为有效的开发客户的方法，不仅高效且见效明显。在北、上、广、深这样的大城市，我们随便见个客户来回都得两个多小时，见客户的时间成本太高了。这种情况下就需要用电话销售这一方法。抛开销售技巧不说，做好电话销售的重要前提就是准备好客户资料，精准的客户资料是决定电话销售效率关键中的关键。

陌拜主要有两种方式：顺路拜访法和集中拜访法。

顺路拜访法又分为两种场景，第一种是真实见客户场景，我们本身就要去见客户，见完客户后在客户公司附近顺便拜访其他客户。在 360 搜索任职时，有一段时间我们要求所有销售伙伴见完客户后都要在附近做几个陌拜，我们团队有很多销售伙伴运用这个方法成交了不少客户。印象最深的是一个来自山东的销售员，名叫David，他通过这种方式一次性成交了两单，大大鼓舞了大家。

第二种是虚拟见客户场景，我们本身不是去见客户，但有意向客户迟迟不签单，这个时候可以用顺路拜访法去约见客户。我们可以跟客户说，我们刚好要去附近见其他客户，顺便去当前客户公司见一面聊聊，这一招也特别好用。销售员David正是运用这个方法签下了一个做少儿机器人培训的大客户，这个大客户至今已经为他贡献了十几万元的收入。当时要不是他及时赶往客户公司抢先一步签单，这个客户就会跟其他公司的销售员合作，David也就没有这笔不错的收入了。

集中拜访指的是我们到一些密集型的市场区域，集中时间和精力拜访客户，如物流园、科技产业园区等。在360搜索时，为了冲刺团队破百单的销售业绩，我们在周日仍然加班开发客户。我们把团队分成3个小组，分别去建材家居市场、汽车4S店服务中心、物流园区陌拜客户，不到5个小时就开发了十来个客户，销售员Joy两个小时内就搞定了2单。这种方法效率高、见效快。

社群直播是当下非常好的开发客户的新方式。以前是在线下将客户聚集起来成交，现在可以将客户聚集到线上社群，一样可以成交。2020年，迫于疫情，很多公司都在用这个方法拓展客户。北京一家做网络营销推广的公司就是通过社群直播，聚集了100多个中小企业老板。直播现场转化了30%的客户，成交效果非常好。作为销售人员，我们也可以把客户邀约到社群直播间，如腾讯会议、钉钉会议等，进行产品宣介，促进成交。

主动开发客户的关键在于销售技能，如果没有好的销售技能就去跟客户沟通，是对客户资源的极大浪费。可是销售人员要如何提升销售技能呢？大量地学习，大量地实践，然后复盘总结，再重复同样的动作。我就是这样一步步走过来的。

第二，被动吸引。被动吸引又分为老客户转介绍、渠道转介绍、社交媒体吸引、邮件营销、网络营销推广几种情况。

老客户转介绍的前提是客户感受到了产品带来的好处，同时又享受到了满意的售后服务，两者缺一不可。所以，作为销售人员，我们要聚焦于为客户创造价值和为客户提供高品质的服务。关于让老客户转介绍的相关方法，我们在前文已经讲过了，这里不做详细的介绍。

首先要说明的是，渠道转介绍只是锦上添花，绝对不是雪中送炭。如果我们过于依赖渠道转介绍，基本上就会被销售行业淘汰。我们可以找同行、上下游公司、业务相关公司进行资源合作，把我们不能做的业务介绍给别的公司，别人做不了的自然就会推荐给我们，这样就实现了资源共享、合作双赢。

在360搜索任职时，有一个女销售员，名叫Zoe，她不仅在主动开发客户方面很厉害，对渠道转介绍也"玩"得很转，每个月的业绩都很高，多次拿到销售冠军。对于她来说，渠道是真正的锦上添花，帮她提高了销售业绩。

社交媒体是一个极其重要的自动化赚钱机器，如果运营得好，我们就可以获取源源不断的客户资源，如在自媒体平台知乎、头条新闻、喜马拉雅、抖音、快手上发文章、音频、短视频等。我自己在很多自媒体上发过文章，确实吸引了很多客户的关注，也成交了很多订单。

邮件营销也是吸引客户的好方法。我曾经有个同事就是通过发邮件的方式开发了一个超级大客户，这个客户就是大家熟知的快手。这个大客户让我的同事在 1 年多的时间里收入倍增，合作前开"马 6"，合作后开宝马。具体方法我们在前文中已经做了介绍。

网络营销推广是一个 24 小时营业的赚钱机器，它可以吸引来自全国乃至全世界的客户，是一种特别好的吸引客户的方法，已经有数十万家企业通过网络营销创造了高额利润。如果公司允许销售员自己做网络推广，你一定要去做，它可以让你快速积累意向客户，从而将意向客户转化成大批量的订单。

2. 提高单笔签单金额

提高单笔签单金额是大公司都在用的业绩增长方法，如肯德基、麦当劳、7-ELEVEn 便利店等。常用的提高单笔签单金额的方法包括优惠促销、提供增值服务两种。

★优惠促销

形式 1：活动促销。大家一定有这样的经历，本来你到屈臣氏是要买一盒牙膏，但导购员告诉你现在是买二送一，只要买两盒就会再送一盒，这个时候你心里就会想，反正一直都可以用，多买一盒也无妨，何况还赠送一盒。大多数情况下你会选择买两盒，于是你的单笔消费金额就增加了，原来是花 12 元，现在花了 24 元，这一个动作就直接把单笔签单金额提升了一倍。

360 搜索曾做过关于品牌广告的促销活动，即买 3 个月的广告送 3 个月的广告。有好几个客户是因为这个促销活动与我们达成了合作。客户本来是要做 1 个月的广告，但因为销售员跟他讲了这个促销活动，于是客户就决定购买 3 个月，这样一来，销售员的单笔签单金额就增加了。

形式 2：礼品促销。客户签约不同的金额，赠送不同的礼品。比如，在 360 搜索的时候，公司每个月都会用礼品进行促销扩单，客户签约 5 万元和签约 10 万元得到的礼品是不一样的，很多客户会因为想得到更高档的礼品而签更大的金额。大概在 2018 年 5 月，公司做过一次超级大的礼品促销活动，只要签约金额在 300 万元以上直接赠送一辆价值 40 万元的宝马汽车，当时有一个客户就是因为这有诱惑力的礼品而直接签约并打款 300 万元。由此可见礼品促销的魅力之大。

★ 提供增值服务

2018 年年底，朋友 Jack 去北京的某个驾校报名，销售人员给了他驾校报名价格表，上面写着正常训练班的价格是 6000 元，而 VIP 班的价格是 10 000 元。Jack 问两个价位的服务有何不同，驾校的销售员说，VIP 班除了正常的训练外，还有额外的接送服务、优先预约车辆的增值服务以及免费的午餐。其实，驾校就是通过增值服务来增加客户单笔消费金额的。

作为销售员，我们在跟客户商谈时，要提前整理好产品的增值服务，看看哪些增值服务可以让客户提高单笔签单金额。

常见的增值服务包括免费提供 3 次售后服务、享受 VIP 客服专属服务、提供免费的销售管理培训、赠送"400 电话"优惠券、赠送精美礼品、提供免费的专业报道、首月免租金、提供免费的行业营销手册，等等。

3. 增加重复购买的次数

增加重复购买的次数其实就是做追销。关于追销的方法，我们在前文也已详细讲过，包括推荐升级产品、推荐关联产品、推荐最新产品等。追销其实也是在跟客户不断地沟通，我们可以通过打电话、发邮件、发微信、赠送知识类小礼物、赠送高频率使用的礼物等方式与客户保持联系。知识类小礼物一般包含书籍、行业报告、行业杂志等，高频率使用的礼物包含台历、充电宝、蓝牙耳机等。

大家可以马上对应前文中介绍的三项指标，看看自己的业绩目前可以从哪里入手，接下来的动作又是什么（表2–2）。

表2-2 提高单笔签单金额的指标

业绩倍增维度	增长目标	关键结果
客户数量		
单笔签单金额		
重复购买次数		
销售业绩		

超级说服力：价值10万元的说服技巧助你快速签单

在360搜索的时候，我们团队的Kathy开发了一个做防盗门的知名品牌客户，跟客户谈的是互联网品牌广告，费用是10万元。客户张总对这个广告形式很感兴趣，但一下子支付10万元，他感觉价格有些贵，所以迟迟定不下来。

Kathy找到我，让我帮她支点招。

"你谈的是几个月的广告？费用是多少？"

"3个月，总共10万元。"

"客户现在每个月在竞品公司做搜索引擎广告花多少钱？"

"说差不多3万元吧。"

"客户可以排到首位吗？"

"不能，基本上排前5名。"

分析之后我意识到，如果不拆解，客户原来3个月只需要花费9万元，而我们需要他支付10万元，这样他确实很难接受。我跟Kathy说："你需要给客户算一笔账，他现在感觉贵，主要是因为需要一下子支付10万元，你把费用拆解到每一天，再跟他谈就行了。

"拆解之后你会发现，品牌广告费用每天最多只需要1100元。你告诉客户，只需要花费1100元就可以排到搜索引擎首位，而且是24小时在线，不限次数的点击。他在竞品平台每天花这个数根本排不到首位，而且每天推广到晚上8点就下线了。这样计算，品牌广告对他来说就很划算，他就不会感觉贵了。"

按照这样的说法，Kathy顺利把客户说服了。

上面这个案例是一个关于价格问题的拆解案例，我们在销售工作中会遇到非常多的价格问题，如"你们的价格太贵了，能不能打折""可不可以不交服务费""能不能分期付款""能不能先使用后付费"等。不同产品涉及的价格问题的数量不同，一般的产品也得有十几个，如果产品复杂一点，至少得有二十几个。如果我们把每一个问题的解决方法都背诵下来，会非常辛苦，而且客户换一个问法，销售人员可能就不会回答了。其实解决方法不是死记硬背话术，而是要思考问题背后的底层逻辑。

那么，这些问题背后的底层逻辑是什么呢？

面对价格类的问题，不管是什么产品，我们都不用背话术，也不用记忆那么多方法，只要记住3个字："拆""赚""赔"就可以了。这3个字可以组合使用，也可以单独使用，最好的使用方法是"拆+赚"或者"拆+赔"。

第一个字：拆

具体的方法就是把产品的价格拆解到最小的计算单元，可以按照年、月、周、天来拆解，也可以按照一个团队、一个小组、一个人来拆解。再贵的价格，拆解到最小的计算单元后也不会贵到哪里去。

我有一个销售成人英语培训会员卡的学员，名叫Bob。他们公司的年付费会员的价格是每人每年7800元，Bob跟我说很多学员都觉得价格贵。我告诉他把价格拆分到每天，一天的价格是21元，这个时候就可以跟客户说："您只需要每天付21元就可以得到1年的英语学习服务。"相较于7800元，客户更能接受每天21元的投资，Bob的订单一下子有了大幅提升。

2020年我辅导了一个销售大型机械设备的客户，一台设备的价格是10万元，使用年限是10年，因为价格比较高，所以成交周期很长，于是我建议这位学员把价格拆分到天，一台10万元的设备，1年的使用费用是1万元，再拆分到天，每天只需要27.4元。这样的计算方式，客户会更容易接受。学员按照这个方法快速成交了很多客户。

第二个字：赚

具体的方法就是我们要跟客户计算，使用这款产品后客户可以赚多少钱。我们可以按照时间周期如年、月、日来计算，也可以按照团队人数来计算。"赚"的算法刚好跟"拆"相反，"拆"是拆到最小的计算单元，而"赚"是计算到合理的最大单元。

我有一个销售培训课程的朋友，名叫 Mark，他销售的课程是关于销售技巧的，费用是每人 8800 元，学习周期是 3 天 2 夜，这个价格在业内确实偏高。Mark 遇到了一个做在线教育招商加盟的客户，名叫 Rex，Rex 觉得 Mark 销售的课程太贵。Mark 找到我说，用"拆"不好使了，有没有其他方法。我告诉他可以用客户的学习收益期来计算，这个收益期一般是 1 年，拆到每一天的学习价格是 24 元。我问 Mark，客户的加盟费和提成分别是多少。他说加盟费最低为 5 万元，提成最低为 10%。我跟 Mark 说，成交一单最少是 5000 元，只要成交两张订单，学习费用就赚回来了。

我们按照 1 年的学习收益期来计算，Rex 于 1 年内多成交 2 笔订单的可能性几乎是 100%，所以这个学习肯定是赚的，绝对不会亏。通过学习，如果客户每个月可以多成交 1 笔订单，1 年就是 12 笔，每笔按照 10% 的提成来计算，是 5000 元，那么 12 笔就是 6 万元。

每天只需要投资 24 元，1 年以后就有机会得到 6 万元的额外收入，这样的投资是不是很划算呢？Mark 按照我说的这个计算方法跟客户算了笔账，Rex 很快就付款了。

第三个字：赔

具体的做法是给客户计算如果不使用这款产品，客户将损失多少钱。计算方法跟"赚"的计算方法是一样的，还是按照时间周期或人数来计算。

在360搜索的时候，我们团队的销售员Scott开发了律师事务所的客户周总。周总一直感觉推广的价格贵，迟迟不做决定。于是我就告诉Scott，用损失计算法来说服周总。

我跟Scott说："你可以给客户这样计算：如果按照同行最低的推广转化率来算，每个月大概花费2万元，至少可以成交2单，每单的成交金额最低为5万元，也就是一个月会有10万元的销售额，一年下来就是120万元的销售额；如果按照同行平均转化率计算，每个月可以成交3单，那么每个月就有15万元的销售额，一年算下来就是180万元的销售额。如果您不做，就意味着您将损失180万元的销售额，这么大的一笔收入，不知道您是否考虑过呢？"

Scott这样给客户一算，周总当天就完成了签约，并打款5万元。

注：这里的案例只是为了说明这种计算方法，并不代表真实的互联网广告转化率，具体的情况要具体分析。

面对价格类问题，我们都可以这样操作。"拆"是把价格降到客户最容易接受的计算单元，而"赚"和"赔"是把收益和损失计算到合理的最大单元。我们把合作金额拆到最低，然后再把收益或者损失计算到最大，这样说服客户会相对容易一些。当然，仅仅靠这三个字还不足以打动客户，还需要加上我们的真诚、专业和耐心，这样才能更快速地拿下订单。

谈判圣经：80%的谈判都输在这7句话上

俗话说："良言一句三冬暖，恶语伤人六月寒。"可见说话的重要性。对于销售伙伴来说，最重要的就是说话，一句话能成交客户，一句话也能导致一笔订单"泡汤"。

360搜索有个"新兵训练营"，那里都是入职不到1个月的新销售员，有专门的新兵营经理给他们做辅导。但毕竟是新人，难免有说话不妥当的地方。有一次，我去新兵营辅导新员工，当时现场的氛围非常好，我走到销售员Luke的旁边，他正热情地给客户打电话，我没有打扰他，就站在一边听他打电话。只听Luke说："这个问题也太简单了吧，您居然不知道，现在连小孩都知道。"而且露出一种嘲笑客户的表情。当时我真的是很气愤，心想这个客户真的是脾气好，如果是我，早就挂电话了，我不可能跟一个嘲笑我的销售员做业务。不一会儿，Luke挂了电话，我问他："刚刚客户问你什么了，你说连小孩都知道。"Luke说："他问我怎么用360搜索引擎搜索资料。"我跟Luke说："以后不管你遇到什么样的客户，都不要嘲笑客户，没有人喜欢被嘲笑，换位思考一下，如果你是客户，你会是什么感觉？"果不其然，最后这个客户没有签单。

我们在跟客户沟通的时候，往往会因为说了一些让客户感觉不舒服的话，而导致最终丢掉了订单。那么到底哪些话是万万不能说的呢？

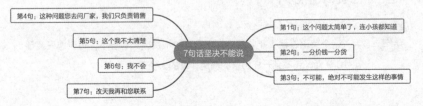

第一句:"这个问题太简单了,连小孩都知道。"

当我们跟一个客户聊到产品或者新话题的时候,客户可能是第一次接触,对于我们讲的内容也许根本不了解,所以可能会问很多"小白"的问题。这个时候千万不要嘲笑对方,说出类似"这个问题太简单了,连小孩都知道"这样的话,这样的话一旦说出口,客户一定会不开心,对销售员的态度就会转变,这笔订单很有可能就没戏了。

> 我理解您,我刚刚接触互联网的时候,也有很多事情都不知道。不过没关系,我一步步地演示给您看,哪里不清楚的,您随时叫停,我帮您解答。

第二句:"一分价钱一分货。"

当客户纠结产品价格的时候,尤其是产品价格比较高的时候,销售员很容易说出这句话。但这句话会让客户认为"你是不是觉得我没钱,买不起价格高的产品?"一旦客户产生了这样的想法,成交的概率就会大大降低。

在360搜索时,兄弟部门的销售员Lance经常是这样谈单的,动不动就讲这句话。他自我感觉话术很好,其实这个话术让客户很反感。有一次我们做大团队话术演练,发现了这个问题,我告诉他不要这样说,这样说是在跟客户做对立,我们做业务的目标是成交,不要跟客户抬杠,否则订单一定签不成。他很快调整了话术,再遇到客户纠结价格的时候,他便不这样讲了,而是按照拆、赚、赔的方法给客户算账,他的成交率也一下子提高了很多。

> 这个英语课程1年收费3980元真的不贵。您算一下,每天您只需要花10.9元,还不到一杯奶茶的费用,真的太值了。

PART 2 销售高手的看家本领

第三句:"不可能,绝对不可能发生这样的事情。"

销售员跟客户沟通的时候,客户有时会提出质疑或者发一些牢骚,比如,"我听说你们公司的售后服务不好,经常对客户不管不顾"。这时候我们很容易说出第三句话,结果让客户很反感。即便销售员所在的公司真的没有这样的情况,也不要这样说。为什么呢?因为这样太武断、太强硬了。做销售,说话要软,不宜太过刚硬。

"您是听谁说的呢?能跟我说说具体的案例吗?"这样表达,既是对客户的尊重,还进一步解除了这个质疑。这样的话术会让客户感觉很舒服,客户自然愿意继续聊下去。

第四句:"这种问题您去问厂家,我们只负责销售。"

不管在什么情况下,千万不要说这句话,这句话太伤人了。很明显,这句话是在搪塞客户,没有哪个客户喜欢听这样的话。虽然销售员把责任推给了厂家,与自己撇清了关系,但也失去了客户的信任。客户既然是从我们这儿购买的产品,那么我们一定要负责任,而不是把责任甩到厂家那儿。

客户在遇到困难的时候,如果我们没有帮助他解决问题,那么以后基本上就不会有与客户合作的机会了。这种时候谁能帮助客户解决问题,谁就能获得客户的信任。

产品的这个问题,一定得找厂家解决,不过没关系,我帮您联系反馈这个问题,等厂家有了回复,我第一时间通知您,您看怎么样?

第五句:"这个我不太清楚。"

当客户针对产品或者公司的情况提出一些问题的时候,很多销售

73

员会说这句话。乍一听并没有什么问题，但这句话会让客户感觉销售员对客户不负责任，而且也不够专业。

"这个问题我不是特别清楚，不敢盲目下结论。我帮您问下××，马上回复您。"这样的话术就是本着解决问题的态度，而不是推卸责任，客户会很喜欢。

第六句："我不会。"

当客户提出一些问题时，尽量不要使用"不会""没办法""不行"等否定词，这样的词汇表示公司无法满足客户的需求。虽然不能什么都答应客户，但也不要很生硬地说这些话。我们说话的原则一定是要让客户感觉舒服，这样才能更好地推进签约进程。

"王总，您的这个问题我不会处理，不过我马上找我们的经理，让他给您回电话，您看可以吗？"两种说法，如果你是客户，你喜欢哪一种呢？

第七句："改天我再和您联系。"

当客户提出一些问题需要解决时，一定要给予客户具体的解决期限，而不是无限期地延后，否则客户会认为我们是在推卸责任，会对我们失去信任。

"3天后一定帮您办好"或者"下周一之前我一定和您联络"，这样的回答能让客户感觉更踏实，对你的印象也会更好。

我们跟客户沟通的原则是**让客户感觉舒服**，也就是**要站在客户的立场思考问题**。只要能时刻本着这个原则去表达，我们说出的话就不会有大问题，而且很容易赢得客户对我们的信赖。

管理之路:
重新认识销售经理

自我管理：如何成为一名优秀的新晋销售经理？

我在做 App 客户端销售的时候，因为销售业绩出色，所以在入职第 7 个月就被提拔为销售经理。当时我只想着赶紧完成团队的业绩，并没有想过去培养员工的签单能力。我每天的工作比自己做一线销售员的时候忙多了，很多订单我怕销售员搞不定，就亲自上阵，结果一个月下来，80% 的大客户都是我帮着签下来的。

销售副总 Susan 发现了这个问题，于是找我谈话，她说："金旺，你知道吗，你现在的身份就是一个超级业务员，你们团队的大客户几乎都是你帮着跟下来的。你想过没有，如果有一天你没有精力帮助团队中的每个人去谈单子了，你们团队的业绩该怎么办？一直要靠你一个人吗？如果这样下去，你干吗要做销售经理，干脆做回一线销售员不就得了。"

Susan 的这些话给了我重重的一击，我以为自己这样做可以让团队业绩快速提高，让销售员可以快速开单，我以为这一切都是对的，可现在看来，我的方法是错误的。于是我向 Susan 请教，她教了我一些方法，让我非常受用。

> **Susan的建议**
>
> ★ 自我认知提升
> 第一，角色转换；
> 第二，做管理者的出发点是什么？
> 第三，做什么样的管理者？
>
> ★ 恰当的管理方式
> 阶段1：工作意愿很强、能力不足；
> 阶段2：工作意愿一般、能力一般；
> 阶段3：能力较强、工作意愿度低；
> 阶段4：能力很强、工作意愿度很高。

1. 自我认知提升

第一，角色转换。

绝大多数经理在上任的时候没有转换好角色，不明白销售管理是一项通过他人来完成任务的工作，而不是靠个人英雄主义来完成的。就像本节开头提到的，我刚晋升为销售经理的时候，有很强的个人英雄主义，总是帮助员工完成工作任务，而不是通过教练的方式去引导他们独立完成任务，最终导致的结果是销售员成长缓慢，对我的依赖性太强，一旦我不帮助大家追单了，团队的业绩就会迅速下滑。还好Susan及时发现了我的问题，我也做出了调整，走上了管理工作的正路。

第二，做管理者的出发点是什么？

首先问自己一个问题："我为什么要做管理者？"出发点决定终点，如果出发点不对，那么结果也不会太好。

关于做管理者的原因，我总结了3种。第一种是一线销售员做的时间长了、疲惫了、厌倦了，想寻求新的岗位刺激；第二种是想把自己一身的才能和想法传递给更多的人，去影响和帮助更多的人；第三种是没有想法，只是因为公司业务发展的需要而被提拔起来了。

不管最初的原因是哪一种，随着时间的推移、阅历的丰富，一个优秀的销售经理会趋向于第二种原因。当管理者的出发点调整到这个频道的时候，团队就会发展得很快。

第三，做什么样的管理者？

刚刚升任经理的时候，你有想过自己要做什么样的管理者吗？根据关注点的不同，管理者一般可以分为四种类型：任务导向型、关系导向型、亲和型、霸道型。

任务导向型管理者更倾向于关注业绩任务，很少关注下属或他人。

资源下载码：17785

我们身边有很多这样的管理者，他们见到员工先问业绩怎么样，见到朋友最关心的话题也是关于业绩的。这样的管理者有很大可能性是任务导向型的领导，我本人就是典型的任务导向型管理者。

而关系导向型管理者刚好相反，他们更多的是关注人，关注下属的情绪、心态、生活等。他们见到员工最先关注的是员工的心情好不好，最近有没有什么好事或者烦心事，对于业绩任务聊得比较少。

亲和型管理者和霸道型管理者都非常好理解，这里不做过多解释。四种类型没有好坏之分，每个类型都各有利弊，具体要结合销售员的性格来匹配。

2. 恰当的管理方式

不同的管理方式带来不同的管理结果，对待处于不同阶段的员工，管理方式也不一样。在一个销售员从入职到不断成熟的过程中，对他们的管理方法不能一直不变，不然就会出现管理问题。我们可以把员工的成长历程划分为4个阶段，在不同的阶段，员工的需求是不一样的，要区别对待。

阶段1：工作意愿很强、能力不足。

大部分刚刚加入团队的销售新人工作意愿都很强，他们对新工作有很高的热情，但不知道怎样干好工作，也不会干，入职3个月内的新人表现最为明显。对于这个阶段的新人，我们采用的管理方式是多关注员工的能力提升，多教授他们与工作相关的知识和技能。以最快的速度帮助他们提升能力是关键，其次才是人文关怀。

在360搜索时，我发现一些新上任的经理做法完全反了。他们把大部分精力放到了关注新员工的工作意愿度、工作制度、出勤情况等行政工作上，而没有教授新员工工作的方法和技巧，最终导致新员工的能力不足，达不到公司的考核标准，从而被公司淘汰。

阶段2：工作意愿一般、能力一般。

经过3~6个月的工作，新员工的能力有了一些提升，这个时候的工作热情往往要比刚入职时要低一些。处于这个阶段的销售员是最需要关注的，不仅要关注他们的能力，还要关注他们的工作意愿。这个时候就要采用教练式的领导方式，既要提升销售员的自信心、增强他们的工作动机，又要提升销售员的能力，通过传授销售技巧、人际沟通技巧、商务礼仪、产品知识、公众演说技巧等一系列的能力来拔高销售员的业务水平，让他们创造更多的价值。

阶段3：能力较强、工作意愿度低。

处于这个阶段的销售员大多已工作了几年，工作能力较强，基本上可以独当一面了。但可能是受到了外界因素的影响，也可能是进入了职业倦怠期，工作心态和动机产生了很大的变化。此时作为管理者，要做的是重点关注并解决员工的工作意愿问题，多跟员工进行思想沟通。这里要注意的是，沟通时最好选择一个工作环境以外的场所，如咖啡厅、餐厅等。在这种地方员工更容易敞开心扉，从而拉近彼此的距离。最糟糕的沟通地点是在领导办公室，那里的距离感和压迫感太强，员工会约束自己，很难讲出真心话。

自升任管理者以来，每个月我都会跟每位下属进行思想沟通。我发现大家跟我沟通完后，心态都会好很多，摇摆不定的心也会安定下来。我们要清楚，处于这个阶段的员工很焦虑，也很迷茫，如果管理者不能帮他们跨过这道坎，那么他们很可能会离开团队。

阶段4：能力很强、工作意愿度很高。

处于这个阶段的销售员是最令领导者感到幸福，也令领导最省心的。在这个阶段,管理者不要像前 3 个阶段那样手把手地辅导下属,可以给予适当的授权,让销售员有被信赖以及被重点提拔的感觉。

在 360 搜索的时候,我通过安排处于这个阶段的销售员轮流帮我主持早会、带新员工、做团队的小组长等方式,给予他们更多的锻炼机会,从而激发了他们的工作积极性。四种管理方法如表 3-1 所示。

表3-1　四种管理方法

阶段表现	管理方式
工作意愿很强、能力不足	业务技能提升为主,人文关怀为辅
工作意愿一般、能力一般	业务技能提升和人文关怀双管齐下
能力较强、工作意愿度低	多一些人文关怀,少一些业务辅导
能力很强、工作意愿度很高	给予更多的授权和学习成长机会

从一线销售员到销售经理,角色的转换背后其实是工作思维和工作方法的转变,每个管理者都会经历这个阶段。我特别喜欢北京做机器人培训的上市公司的董事长侯总的一句话:"阶段不可跨越,时间可以缩短。"

日常管理:销售铁军经理如何做团队管理?

很多刚刚上任的经理不知道如何开展工作,一天到晚忙个不停,也没有产生什么好的效果。我在刚刚担任销售经理的时候也遭遇了同样的状况。记得当时我的上司 Ann 并没有告诉我到底该做哪些工作,只是大概说了工作流程安排,并没有给我做系统的培训。后来我跟互联网圈内的很多经理聊天发现,无论公司大小,大家的情况都差不多。

为什么会这样呢？原因只有一个字：忙。我们销售团队每个月都在忙着冲刺业绩，"业绩第一"已经刻在每个销售员和销售管理者的心里，其他事情都可以拖，但业绩进度绝对不可以拖。所以，很多销售领导就把为新经理做培训辅导这个事抛诸脑后了，甚至有的领导根本没考虑过给新经理做培训。

我调研过超30家大中小公司的销售经理，发现只有不到20%的人参加过晋升专业系统培训，大部分销售经理都是靠模仿自己的直属上司的工作行为或者自我摸索着学习来提升自己的。我同样是摸着石头过河一路走过来的，当时特别渴望有人可以帮我指点迷津。我特别了解所有新任经理的感受，于是我就边实践边总结记录，多年下来便积累了一套完整的日常开展团队管理工作的思路。

1. 销售经理每日工作流程

我刚晋升为销售经理的时候，每天忙得一塌糊涂，但并没有带来好的结果。后来通过不断的摸索学习，我逐渐掌握了工作节奏，给自己制定了一张工作流程清单（表3-2），并严格按照流程清单展开工作，发现效率提升了很多。

表3-2 销售经理每日工作流程表

时段	经理的工作内容	工作目的
晨会及上午	检查资料	质量、数量
	部门晨会	唤醒、部门激励、模拟演练、确定目标
	走动管理	提升氛围、提升状态、发现问题
	工作指导	解决问题、电话配合或陪访

续表

时段	经理的工作内容	工作目的
晨会及上午	上午总结	问题汇总、记录总结
午会及下午	午会准备	上午数据汇总、下午工作安排
	部门午会	唤醒、上午数据分析、制定下午目标
	走动管理	提升氛围、提升状态、发现问题
	工作指导	解决问题、电话配合或陪访
	当日理单	检查跟进、制定策略
晚会至当日下班	当日总结	问题汇总、数据汇总
	解决方案	问题解决方案、培训课件优化、交流学习
	部门晚会	当日数据分析、员工分享、当日工作汇报
	培训分享	节点培训、内部分享
	检查日报	员工总结、建议指导
	第二日晨会准备	业绩目标、工作方向、活动安排、主题分享

表中的这些工作很多经理都在做，但很多时候因为没有执行到位，或者执行得不够系统，所以导致工作效率低下、业绩产出不好。

2. 销售经理每日 6 类管理动作

前文讲了销售经理的日常工作流程，但仅仅知道这些流程还远远不够，我们还要知道流程背后的管理动作。我把这些动作分类归纳后，发现大概可以分为 6 大类。

★动作 1：团队观察

销售经理的第一项技能就是要会观察，通过观察了解和熟悉团队的每一个人。

第一，看考勤。

这一点是我在 App 客户端任职时公司老板鲁总教给我的，我受益很大。她说，销售经理每天要尽可能早来晚走，观察每天谁来得早、走得晚，而谁来得晚、走得早。透过这些现象，大概就可以推断出每个销售员最近的工作态度，也便于更好地选择销售好苗子进行培养。多年来，我一直都是这么要求自己的，几乎每天都是早来晚走，通过这个方法我发现了很多平时发现不了的问题，还能拉近我跟销售员之间的距离。

第二，看状态。

每天早上到了公司以后，我会观察每个人的状态和表情，是开心的还是郁闷的，是兴奋的还是疲惫的。如果我发现哪个销售员早上的状态不佳，我就会在当天给予他更多的关注，必要的时候我会第一时间跟员工谈心，帮助员工解决问题。也正因如此，我们团队的每个销售员都感到了我的温暖，我们的心走得更近了，大家之间的相处状态也变得更好了。

★动作2：营造氛围

我个人感觉，判断一个销售团队有没有战斗力，只要去这个团队待上一两个小时就知道了。一个优秀的销售团队的工作氛围一定特别好，至今我还没有发现团队氛围不好，业绩却很出色的团队。在360搜索时，我们团队的工作氛围还是比较不错的，销售员都很忙碌，忙着打电话、忙着录 CRM 系统、忙着写合同，业绩自然也不差。那么，到底该如何营造团队的氛围呢？

第一,"三会"全面调动。

我认为早、中、晚"三会"超级重要。"三会"的侧重点各不相同,早会就是要让销售员开心、有干劲,与此同时要明确当天的工作安排。我们团队开早会时会安排各种各样的活动让大家开心,如唱歌、读书、跳舞,一般控制在30分钟以内。午会要让销售员快乐、有精神,同时对上午的工作要有一个小总结,对下午要有一个小展望。我们团队会做各种各样的团队小游戏,如狼人杀、谁是卧底、成语接龙等,大家玩得都特别开心,一般控制在30分钟以内。晚会要让销售员成长、有收获,重点工作是梳理所有人的订单,简称理单,同时要把大家当天的消极情绪处理干净,或者给大家安排做赋能培训。会议结束的时候,如果每个人的脸上都有笑容,效果就达到了。晚会的时间就不确定了,具体看各自团队的人数和理单进度,一般我们团队的晚会时间是1个小时以上。

我们每天的"三会"都会在视觉、听觉、感觉方面全方位地刺激销售员,让销售员保持热情。如果可以做好这3点,就是为营造氛围开了个好头。

第二,视觉刺激。

大家可以在自己的工位旁边悬挂激励海报或者优秀销售员排行榜,从视觉的角度刺激自己动起来。下图为我曾经的团队做的悬挂图,挂在员工的工位区,以此来激励大家。

注：360 狼牙军团是我在 360 搜索时带领的销售团队的名称，是我们自己起的名字。

第三，娱乐活动刺激。

我们团体当时采用音乐、视频、舞蹈等方式全方位地刺激销售员的情绪，通过播放一些励志的音乐、视频来激励大家向上。比如，我们经常看中央电视台的节目《开讲啦》，通过看一些名人的故事来激励大家；有时候也会一起跳欢快的舞蹈，如跳操、跳兔子舞等。很多销售员都跟我说，有什么不开心的事，跳个舞就都抛诸脑后了。

第四，多种奖励刺激。

每个月固定对销售员进行奖励很重要，但更重要的是日常的小奖励，物质的和精神的都要有。在 360 搜索时，只要有销售员签单并收款，我们会立刻在群里发喜报，有时候我也会给大家派发红包。比如，对于签当日第一单、周末第一单、月初第一单、当月最大单等订单的销售员，我们都会给予对应的销售奖励。在今日头条时，几乎每个销售大部都有一个鼓，只要有销售员签约收款，我们除了发喜报，还有一个击鼓报单仪式，特别有氛围。有时候我们还会玩刮刮乐抽奖、扎气球抽奖等，团队氛围调动得很好。

★动作 3：盯业绩目标

要盯住各项指标，如当日业绩目标、当日工作量、意向客户数、拜访客户数、收款总业绩等。我做了相关表格，这样参考起来更加直观，分别是当日业绩看板（表3-3）与团队业绩数据看板（表3-4）。

表3-3 当日业绩看板

月业绩任务	现总业绩	今日业绩任务	今日收款	月业绩差额	完成率	剩余工作日	日均业绩

表3-4 团队业绩数据看板

部门	销售员姓名	业绩数据				意向客户数据（A、B、C）				上门拜访数据	
		月业绩任务	现总收款	当日目标	当日收款	当日意向客户任务	实际完成	A类	B类	C类	拜访任务	实际拜访量
销售一部												
合计												

注：A、B、C指的是意向客户的意向程度。A类客户1周内可以签单，B类客户2周左右可以签单，C类客户1个月左右可以签单。具体要根据大家所属行业来定义。

★动作4：走动管理

走动管理的概念出自美国管理学者彼得斯（T. J. Peters）与沃特曼（R.H.Waterman）在1982年出版的名著《追求卓越》（*In Search of Excellence*）。书中提到，表现卓越的知名企业中，高阶主管不是成天待在豪华的办公室中等候下属的报告，而是在日理万机之余，仍能经常到各个单位或部门走动。高管都要执行走动管理，一线销售经理更该如此。

在360搜索时，事业群领导杨总规定，每天上午10点和下午2点，销售经理必须要进行走动管理。我觉得这个要求非常好。走动管理可以有效地调动团队氛围，了解销售员的业务进展，解决销售员遇到的问题。如果销售员有搞不定的客户，销售经理就可以现场指导销售员如何应对这种客户。

★动作5：数据分析

数据分析是销售经理的基本功，销售经理要有透过数据看问题的能力。在360搜索时，我会关注3大数据：第一个是**过程数据**，如通话时长、拜访客户数、意向客户数等；第二个是**结果数据**，如成交客户数、成交金额、团队破零率、业绩完成率、团队人效、意向客户转化率等；第三个是**行业客户数据**，如近期哪些行业成交得比较多、哪些行业成交得比较少、哪些行业是高潜力行业等。这些都需要我们去研究，从而制定出相应的策略。

★动作6：员工培训

在360搜索时，我们会根据近期销售员出现的问题进行相关的培训，如销售技巧、心态、人际沟通能力、市场分析、行业分析、卖点分析、客户性格分析、竞品分析，等等。销售员的个性问题我会单独进行辅导，共性问题我会安排集体培训。不谦虚地说，在培训方面我们团队当时做得是最好的，销售员成长得也是最快的。

销售经理一天的工作流程是行动地图，6大管理动作则是行动步骤，参考地图一步步地去执行，团队业绩势必会有所提升。

绩效为王：手把手教你打造高绩效团队

每个销售经理都特别渴望打造一支高绩效团队，但问题是不知道从哪里入手。我在刚刚晋升为销售经理的时候也遇到了同样的困境，其间也看了很多书，但依旧找不到适合我的管理方法。不过我是行动派，每每看到一个好的管理方式，经过思考后我都会在团队中先小范围地做一下尝试，如果有效果，就继续做；如果效果不好，就放弃，然后继续尝试其他方法。这么多年下来，我的经验就是要不断试错，虽然管理成本有点高，但总比没方法好多了。其实，我特别渴望有一套销售管理者可以参考使用的方法论，但这样的内容市场上少之又少。于是我尝试着把我的方法写出来，让更多的人参考使用。

打造高绩效团队不是一朝一夕的事情，要经过长时间的累积。我认为打造高绩效团队至少要做好四项工作。

打造高绩效团队

- ★ 满足基本需求
- ★ 提供管理支持
- ★ 做好团队建设与协作
- ★ 促进员工成长发展

1. 满足基本需求

第一，明确工作目标和工作要求。

在360搜索，销售员入职以后，我会第一时间跟新员工明确工作目标和工作要求，如业绩考核指标、工作职责、部门的规章制度、工作重心等。我认为这是一个最基本的管理动作，但有些部门经理根本没有给新人做说明。有一次我在给事业群的新员工做培训时发现，销售员入职都一个月了,居然不知道自己的工作重心是什么。我继续追问了新员工所属的团队,瞬间就明白了,难怪这个团队的业绩一般,基础管理是最初级的,这些都不做,团队怎么会有好的发展呢?

第二,提供支持和帮助。

在360搜索时,某销售事业部新入职的销售员Evan,被分配到部门后没有获得任何的支持,经理Jerry既没有提供话术资料和产品手册,也没有对他进行相关的培训,就直接让Evan打电话开发客户。Evan很懵,根本不知道如何开展工作,入职7天后就离职了。离职的原因非常简单,Evan说主要是因为Jerry对他没有任何支持,他没有办法开展工作。

不仅是在360搜索,很多公司都存在这样不负责任的销售经理。他们只向员工要结果,却不提供任何支持和帮助,这些经理的结局也十分相似,团队基本上都发展不起来,不出1年就会被公司淘汰。

2. 提供管理支持

第一,让员工发挥优势。

我见过很多销售经理过于关注业绩,而忽略了员工的多样化发展,甚至会劝阻员工参与其他活动,如兼职讲师的选拔、优秀产品达人的竞选等。从短期来看,仅仅关注业绩的确有用,但从长期来看,这样会压抑员工的天性,员工会感到不快乐,最直接的影响是员工工作效率降低,甚至出现离职波动。

为了发挥销售员的个人优势,我专门安排了每周五的"成长讲坛",鼓励员工分享自己擅长或者感兴趣的事,不限主题,只要是积极向上的即可,以激发大家的活力。为了发挥大家的优势,我还给团队的每个销售员匹配了对应的"能力称号",如"签单女神""美食达人""大单高手""主持达人"等，通过贴标签、做分享，让员工发挥所长，找到工作中的乐趣。

第二，时常赞美。

每个销售员都需要被激励，更需要领导或者团队伙伴的认可，被认可得越多，个人的成就感就会越强，工作自信心也会大幅增强。作为领导，千万不要吝啬赞美。在360搜索带领销售团队时，我会尽可能地做到对每个销售员每周至少赞美一次，比如，签单收款时表扬、工作量优秀时赞美、周总结做得出色时赞美、工作有热情时赞美，不管事情大小，只要是积极向上的一面，我都会赞美员工。

不管业绩领先还是落后，我都会让销售员开开心心的。因为我特别清楚，只有员工工作时开心，才会有好的工作结果。但有些经理并没有意识到这一点。我之前所在的公司，有一个名叫Lynn的销售经理，天天板着脸，对部门的销售员很少有赞美。她除了批评还是批评，员工都不敢靠近她，跟她的心根本就不在一起。这也是团队没有好业绩的一个重要原因，员工不开心，怎么会有工作动力？没有工作动力，怎么会做出业绩？

第三，关心下属。

没有人喜欢冷冰冰的团队，每个员工都希望在一个温暖的团队中工作。其实不仅是员工需要被关怀，管理者也一样。所以，我们需要跟团队销售员建立"情感账户"，关心每个销售员的个人情况，如身体状况、家庭情况、个人情感状况等。

我刚开始做经理的时候也曾因过多地关心销售业绩，而忽略了销售员的个人情况，导致员工跟我有很强的距离感，团队凝聚力也很弱。后来我明白了关心员工的重要性，除了关心业绩外，我也花了很多时间跟员工聊天、聊家常、聊兴趣爱好。慢慢地大家感受到了我的亲和感，我们之间的距离越来越近，团队的凝聚力也越来越强。

作为销售经理，要做关心员工的表率，同时要把这种"关心文化"传递给团队中的每一个人，让大家都行动起来。为此，在360搜索销售团队时，我创造了"感恩文化"，感恩不只是在感恩节，更在工作中。我希望通过"感恩文化"让大家感受到团队的温暖，让大家彼此关怀。2016年感恩节，我们团队倡导每个人给自己最想感谢的一个人写一封感谢信，这封信会在感恩节现场读出来。这个活动举办得特别成功，每个人都收获了一份感动，同时也增强了我们团队的凝聚力。

第四，提供职业发展机会。

每个人都希望在职场中获得良好的发展，如获得晋升、培训进修、轮岗等机会，员工需要了解自己的职业发展前景，更需要有个人发展规划。很多销售员在入职1年左右就会考虑个人职业发展问题，是晋升做管理者还是继续做一线销售员，抑或是干脆转岗做其他。这个时候，作为管理者，不要放任销售员胡思乱想，而是要主动帮助销售员探寻、找到适合自己的职业发展路径。

一般情况下，公司会为销售员提供两条职业发展路径：**一条是销售管理路线**，如一线销售员→销售经理→销售总监→销售副总→销售总经理；**另外一条是专业销售路线**，如初级销售→高级销售→资深销售→客户总监。我们要根据销售员的个人情况为他们制定方案，激励他们向着自己的职业目标努力。

3. 做好团队建设与协作

一个优秀的团队一定是为使命感工作，而且工作十分有效率。优秀团队中的销售员都有发言权和建议权，大家的团队归属感很强。

第一，尊重员工的想法。

常言道，"三个臭皮匠，顶个诸葛亮"，说的就是群体智慧。每个团队都要发挥群体的智慧，发挥群体的智慧，就是要广开言路、群策群力，团队领导千万不要搞"一言堂"。

我见过很多经理从来不听取员工的建议，而是采取强压式管理。这种管理方式短期内看似有效果，但长此以往，会给团队带来很多负面影响。尤其是现在的年轻人，他们都很有个性，民主意识很强，很在意个人感受，不喜欢被强迫管教。

员工一般都有热情参加团队的头脑风暴或者共创会，但如果员工的见解或观点总是被否定，得不到领导的重视和采纳，那么大家就会隐藏自己的想法和观点，就会出现开会没人敢发言、会议氛围沉重的情况。长此以往，整个团队的问题就会越来越严重，导致业绩大幅下滑，甚至出现员工离职的情况。

在360搜索时，我们团队在成立之初就建立了群策群力文化，每周至少做一次团队头脑风暴，针对当下的问题，每个人说出自己的解决方案。对于好的想法，我们会积极地采纳并且执行。团队的执行政策不是我自己制定的，而是大家一起制定的，这样执行起来会很到位。

2016年3月，为了实现团队订单破百单的目标，大家一致商讨决定，放弃当月最后一个周日的休息时间，团队分成3个组分头去陌拜开发客户。由于这个方案是大家一起制定的，所以大家没有任何的不满和抱怨情绪，工作热情都很高，不到两个小时就直接现场签约了2单。

第二，明确团队使命和愿景。

没有使命和愿景的团队不会创造出辉煌的成绩，但很多时候，很多管理者对这些不太认可，总觉得使命和愿景听上去有点虚，所以很少强调这些方面,而是一味地强调赚钱。这样就给销售员传达了一个错误的观念:"做这份工作就是为了赚钱",从而导致员工找不到工作的价值和意义,一旦赚钱少了,就开始闹离职。

我们团队当时之所以发展得又快又好,从某种意义上讲,就是因为我们团队有强烈的使命感,大家感受到了工作的意义和价值。当员工工作不仅仅是为了赚钱的时候,他的动力就会很足,金钱只能短暂地驱动销售员的行为,一旦销售员的收入达到了一个阶段,他就会满足现状,失去前进的动力,这个时候他的业绩就会开始下滑,这就是很多老销售员干劲不足的原因之一。请记住,只有使命和愿景能够真正让员工具有持久的动力。

第三,注重团队合作。

销售是一个极度需要团队协作的工作,开发客户、跟进客户、订单提交、维护客户都需要团队成员的协作。没有人可以独立完成所有的事情,我们总得需要别人的协助。

从销售员进入团队的第一天起,管理者就要给他树立团队合作的意识:有荣誉一起分享,有困难一起担当。SaaS 软件公司有一个团队的口号是"胜则举杯相庆,败则拼死相救",这也是华为文化的部分内容,对我影响很深。

有非常多的销售团队成员各自为政,谁也不帮助谁开发客户,甚至有一些团队内部抢客户情况严重,经常出现让同事帮忙跟进客户而最后被同事撬单的情况。最不能理解的是,团队出现了这种情况,直属经理居然不闻不问,简直是太不负责了。

我们团队绝对不允许也没有出现过这样的情况,大家都很开放、包容,彼此互相帮助,从不担心客户会被同事撬走。从制度上讲,这是团队的红线，没有人敢触犯；从感情上来讲，大家关系都很好，犯不着因为一张订单搞得朋友都没得做。大家各自发挥自己的特长，彼此协助追单，这样更有利于提高工作效率。在我们团队，有人擅长开发女客户，有人擅长开发男客户，有人擅长开发律师客户……当团队中的伙伴遇到自己不擅长开发的客户的时候，就可以找擅长的小伙伴协助追单，这样既高效，又能增进彼此的感情。

作为管理者，我们要做的就是创造这样的团队氛围和环境，增强大家的本领，使大家互相需要、互相帮助。

第四，培养团队成员的友谊。

我们为什么愿意回家？因为家能给我们归属感。无论遇到什么样的困难，家人都可以竭尽全力地帮助我们解决。这一点在职场中同样适用，我们要给员工营造归属感。归属感体现的形式之一就是团队中有与他关系要好的朋友。

为什么新员工最容易离职？很重要的一个原因是他没有归属感，团队中也没有与他关系要好的同事，所以一旦遇到什么困难，他就很容易打退堂鼓。相反，老员工就不一样了，团队中有他们要好的朋友，他们的归属感比较强，即便遇到困难也会迎难而上，因为有人会帮助他们。

增强员工归属感的有效方式之一是让员工多参加公司以外的团队活动。比如，趣味运动会、户外素质拓展训练、户外聚餐、一起徒步、一起爬山等，这些团建活动既可以拉近团队成员之间的距离，让大家走得更近，也可以让大家更有归属感。这些活动我们团队都举办过，效果都不错，尤其是素质拓展训练，效果最好。训练回来后的那几个月，大家的关系处得更好了，业绩也直线上升。

4. 促进员工成长发展

成长发展是个人职业发展的最高等级，也是最难把握的一个部分。这一部分的工作如果做得好，既可以提升员工的工作能力，又能让员工收获职业成就感，还能创造更高的销售业绩。

第一，跟下属时常沟通。

管理者要做的很重要的一件事就是沟通，而且要跟员工保持密切的沟通关系，如每个月至少跟直属团队的每一个员工沟通一次。沟通的时候，管理者一定要对员工近期的工作进行肯定，同时指出工作中需要改进的地方，并且给出改进方案。通过沟通，管理者既可以对员工的工作成绩给予认可和肯定，也可以对员工当下的想法和打算有进一步的了解，便于更好地开展下一步的工作。

在360搜索时，我每个月基本上都会利用周六加班的时间找团队的销售员沟通谈话。我不清楚大家有没有这样做，但我想告诉大家的是，这个沟通效果真的很好，一定要尝试并坚持去做。

第二，提供学习成长机会。

很多团队天天喊着要打造学习型团队，实际上并没有采取任何实际行动，除了常规的产品培训外，管理者几乎没有做过帮助团队销售员成长的事情。半年过去了，销售员成长非常缓慢，业绩也没有突破性的增长，久而久之，就会导致销售员懒惰散漫，甚至离职。

在我们团队，我给员工创造了非常多的学习成长的方式，如轮流开早会、轮流做数据统计官、轮流做值班经理、轮流主持下属表彰大会等。这些都可以在一定程度上让员工得到锻炼，让他们获得成长。

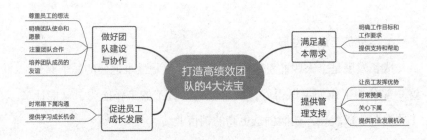

有了清晰的打造高绩效团队的步骤,接下来就要看我们的执行力了。遇到困难不要轻易放弃,坚持不断尝试、不断试错,一定可以打造出属于自己的高绩效团队。

潜能激发:为什么85%的员工不能发挥个人潜能?

俗话说:千里马常有,而伯乐不常有。在销售行业这句话同样适用。我在过往的职业发展中见识了很多优秀销售员被平庸的销售经理埋没的案例。

在360搜索时,我在给新人做销售技巧培训的时候,认识了一个叫Brian的销售员,他在加入360搜索之前,有3年多的销售经验,个人的表达能力也非常好,在我看来绝对是一个销售的好苗子,应该好好培养。他是通过朋友介绍加入360搜索销售团队的,他来之前抱着很大的希望,可是事与愿违。他的直属经理Nancy的个人销售能力不错,但带团队的能力就比较逊色了。Brian从加入团队到离开将近4个月的时间里,不管怎么表现,从Nancy嘴里都没有听过几句表扬的话,对于Brian的个人辅导更是没有。Brian在团队里完全找不到存在感,也没有获得能力的提升,最后选择了离开。

Brian的经历不是个案,很多公司都有他这样的被埋没者。这些销售员有很好的销售潜质，但没有得到开发，所以只能遗憾地离开。物质激励、荣誉激励、海报激励等确实会有一定的效果，但并不能从根本上激发员工的潜能。而不断激发员工、发挥他们最大效能的关键，是尊重团队中的每一个人，帮助员工建立自信心，让员工认识到自己的重要性。对于职场新人来说，内在的动力比外在动力更容易激发他们。那么，具体应该如何激发员工的潜能呢？

1. 多赞美，少批评

美国总统林肯曾说："人人都爱听恭维的话。"让员工感觉自己很重要、很有价值，最有效的一个办法就是赞美他们。我们应该想尽一切办法赞美员工，赞美他们的个人品质以及取得的成就，赞美他们的服装和配饰，赞美他们拍的照片以及任何美好的个人物品。

管理者一定要善于观察，看到好的变化就要及时给予赞美。我在带领团队时，经常赞美大家，尤其是周一。因为周一是一周的开始，大家通常会以崭新的精神面貌来上班，每个人多少会有一些变化，这个变化就是我赞美的点。通过赞美，既可以让员工很开心，也可以增强他们的自信心，让大家感到自己非常优秀，相应地大家也会更喜欢我、支持我。

而消极批评对员工的伤害很大，会让员工的自信心受挫，员工容易因此而感到自卑，甚至出现嫉妒、愤恨的消极情绪，对工作失去信心，甚至产生离职的想法。

360搜索销售团队曾有个叫Gavin的经理，他就是典型的批评狂，动不动就批评员工。而且不管什么事都是当着所有人的面批评员工，这是非常糟糕的行为。我们都知道，表扬要在公众场合，而批评要尽量在私下进行，除非是需要做全员通告的重大事件。

他的这个举动搞得团队氛围很差,几乎每天早会时,他们部门的员工脸上都没有任何笑容,都是垂头丧气的。当他意识到批评对员工的伤害的时候已经太晚了,很多员工已经被他折磨得离职了,Gavin自己也后悔得不行。

2. 要经常表扬员工

表扬对于增强员工的自信心,让员工感到自己很重要是非常有利的。我们表扬哪些行为,员工就愿意多采取哪些行为。表扬的时候我觉得有两点需要注意。

第一,表扬要及时。

及时地表扬,才能起到激励员工的作用。比如,某销售员今天开了一个大单,销售经理当天一定要给予表扬,不要等到第二天或者第三天再表扬,到那个时候激励的作用就会大打折扣。在我们团队,只要员工签了单,我第一时间会在群里为员工喝彩,晚会的时候还会让员工做开单分享,增强他们的成就感。我特别清楚一线销售员签单收款的感觉,他们很希望得到经理及同事的认可。

第二,表扬要公开。

充分发挥表扬的威力的一个较好的方法,是在领导面前表扬员工。我们可以把要表扬的员工带到上级领导或者更高级别的领导面前再表扬他,该员工会因为这个举动而超级开心,工作动力也会更足。公开表扬的另外一个方法是在员工大会或者表彰大会上表扬,这样的表扬威力超级大,员工会很难忘怀。我从事销售管理工作多年来,多次被表扬,但我对其中两个时间点的表扬画面记忆特别深刻。第一个是我刚刚加入互联网行业做销售员的时候,入职第4个月我便刷新了公司的销售业绩纪录,当时的老板在销售表彰大会上奖励了我一台iPad,

对我进行了大力的表扬。第二个是在 2016 年 3 月，我带领团队单月成交了 104 单，刷新了行业历史纪录，当时的销售副总在 300 多位销售员和管理者面前给了我们团队一个大大的表扬。

第一个画面激励我不断努力前进，在入职第 7 个月我就被破格提拔为销售经理；第二个画面激励我和我们团队更加努力，入职 1 年我便被破格提拔为高级经理。我自己真切地感受到了表扬的威力，所以我对团队的销售员也是时常表扬。我相信我的表扬可以赋予员工能量，增强他们的自信心，而且我的表扬也确实给大家带来了诸多好处。

3. 倾听员工的心声

在让员工感觉自己重要的所有方法中，也许最有威力的就是认真倾听员工的心声。倾听是管理者的一项重要技能，我们不仅要认真倾听领导讲话，更要认真倾听团队中销售员的心声。因为真正能跟我们一起成长的是我们的销售伙伴。

我个人认为自己是一个不错的倾听者，无论是在工作中还是生活中，身边的人都喜欢跟我倾诉他们的心事。我认为倾听分为主动和被动两种，主动倾听指的是主动跟员工聊天，倾听他们的想法；被动倾听指的是员工有建议或者有想法时来找我们沟通。

第一，主动倾听。

每天我都会在早、中、晚会上倾听大家的想法，鼓励大家发言，员工的发言我不会打断，我尊重每一个发言的人。每个月我都会陆续找每个员工聊天，听他们的工作和生活安排，给员工倾诉苦水、传递快乐的机会。

第二，被动倾听。

每次员工来找我，我都会放下手里的事，认真、专注地倾听他们讲话，我会点头、微笑，鼓励他们继续说下去，并给予反馈。

这两种倾听动作，让我们团队的所有销售员都愿意积极发言，从来没有出现过在会议上沉默的情况，会议氛围和工作氛围一直都很好。

作为管理者，千万不要忽视倾听这个动作，否则你将无法彻底激发员工的潜能，也不能赢得员工的支持。360搜索销售团队中有一个叫Hot的经理，非常强势，很少倾听员工的想法，员工发言的时候他总是提出反驳意见。时间久了，员工有想法和建议也不愿意说了。就是因为他不愿意倾听员工的心声，始终无法跟团队的销售员打成一片，更无法激发员工的潜能，整个团队的气氛死气沉沉的，业绩自然做得很烂。

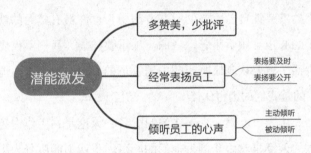

作为销售经理，一定要注意自己的言辞，有时候也许是不经意间对员工说的一句话，就可能对员工造成很大的伤害。激发员工潜能，不仅仅是做好激励活动，更重要的是管理好自己，因为言传身教的力量胜于一切。

数据为王：你为什么一定要学会数据分析？

在今日头条时，销售团队的业绩是实时更新的。公司有一个数据分析系统，可以设置自动推送时间段。我记得当时每两个小时系统就自动推送一次最新销售业绩，即便你对数据再不敏感，这样的更新方式也会让你对数据有感觉。头条的销售数据分析做得非常到位，包括新开数据、行业数据、大单以及小单数据、续费数据、过程管理数据等，我们几乎每天都在围绕各种数据开展工作。如果你不懂数据管理，你会工作得很辛苦。

根据我的调研和初步统计，很多公司的销售管理者还没有意识到做数据分析的重要性，大多还在靠传统的直觉和经验进行管理。其实这种管理方式已经越来越不能适应当下的市场环境，如果不改变，早晚会被淘汰。

1. 什么是数据分析？

简单来说，数据分析指的是从大量的数据中提炼有用信息并形成结论的过程，同时也是从数据中挖掘潜在问题的过程。当下数据分析能力是每个销售管理者的基本功。作为销售经理，我们不能仅仅把销售团队当作冲锋队，开发客户拿订单，而是要把团队当成一个微型企业来管理，要学会做营销、数据分析、维护客户，这才是未来销售团队的发展趋势。

2. 数据分析有什么好处？

第一，便于精细化管理。

不能看到团队当月业绩比较好就盲目乐观，我们必须清楚地知道团队中每个销售员还有多少意向客户，这些意向客户都是什么级别，跟进到什么进度了，意向客户的转化率是多少，成交客户数据的趋势是怎样的等。这些都要靠数据分析，没有数据分析，就无异于盲人摸象，根本无法把控团队的销售业绩。

第二，提升工作效率。

阿里巴巴前销售大咖贺学友在畅销书《销售铁军》中提到，对数据的掌控力就是对团队的掌控力。根据数据发现问题、及时解决问题是团队效率的保证，也是让团队稳定进步的有效方式。

我们只要把团队的数据拉出来做一下对比，就能大致发现团队存在的问题，然后根据问题进行深入的研究和分析，找到背后的规律，从而做出解决方案。如果你的团队中有几十个销售员，你不可能全部通过一对一谈话来解决问题，那样效率太低了，一定是先做数据分析，然后做应对方案。

3. 如何做数据分析？

我们要学会分析两大类数据，一类是过程数据，另一类是结果数据，这里我们重点剖析过程数据。对于B2B（企业对企业）行业的销售员来说，通常是采用电话销售和面谈销售的方式来开发客户的，针对这种销售方式，我们要关注的过程数据通常包括外呼数量、通过时长或者3分钟以上的通话时长的数量、意向客户数、拜访客户数等。接下来我们通过实际案例来剖析如何通过数据分析提升销售业绩。

案例1：销售员的外呼数量、3分钟以上通话时长的数量、意向客户数、拜访客户数都比较少。

解决方法如下。

根据日常的表现可以把销售员分为两类：一类是态度好的，另一类是态度不好的。

第一，态度好的。要检查销售员客户资料的数量和质量，看看销售员是不是没有查资料或者查的都是很差的资料。如果发现资料数量够但质量不高，我们就要教授销售员查高品质资料的方法，解决客户资料不佳的问题。

第二，态度不好的。如果销售员的态度不好，那么我们要跟销售员进行一对一沟通，看看销售员是不是最近遇到了什么问题，如果是压力比较大，就要给销售员减减压。

在 360 搜索销售团队时，我们团队的销售员 Abel 有几天工作态度不好，于是我跟他进行了沟通，发现原来是因为那几天他父亲身体不好，他总是担心父亲的身体状况，又不好意思跟我请假。后来我给他放了个假，让他回家看望父亲，回来后他的态度变得特别好，工作量一下子就上来了，开单量也大幅提升。

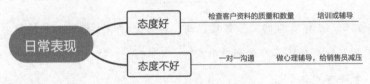

案例 2：销售员 3 分钟以上通话时长的数量很多，但外呼数量、意向客户数、拜访客户数都比较少。

解决方法如下。

首先要听一下销售员的电话录音，判断一下沟通内容是否跟业务相关，是跟客户闲聊还是找人凑电话。

第一，跟业务相关。要检查销售员在处理异议以及挖需求方面是否存在问题，如果有，就要进行对应的辅导或者集中培训。

第二，跟业务无关。先判断销售员是跟客户闲聊还是凑电话，前者要与其进行一对一的沟通并提出警告，并且要继续监督、抽查他的电话录音；如果是凑电话，也就是说打的是亲朋好友的电话，并不是客户的电话，这种情况就要按照公司的规章制度进行惩罚，情节严重的直接劝退。

在 360 搜索销售团队时，我们团队刚入职一名叫 Fred 的销售员，

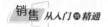

入职第7天就被质检部发现有凑电话的情况,而且不止凑了一通电话,而是有十几通电话打的都是"假电话"。知道这个情况后,我立马找他进行了谈话,鉴于他态度很差,工作意愿也不是很强,按照公司规定,我直接对他进行了劝退。

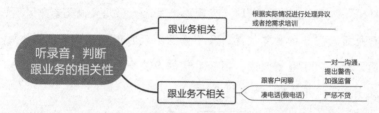

案例3:销售员的外呼数量很高,但3分钟以上通话时长的数量、意向客户数、拜访客户数都很少。

解决方法如下。

第一,检查资料。我们要检查销售员的资料,看看是不是资料的质量有问题,导致接通了那么多电话但没有几个能聊下去的。同时了解销售员会不会查资料,如果不会,就要对销售员进行查资料的培训;如果是不想查资料,就要跟销售员进行沟通,并且根据实际情况给予一定的惩罚或者加大监督力度。

第二,听录音。通过分析录音,找到销售员的问题。如果是开场白有问题,就要安排专门的培训或者辅导。如果录音没有问题,就可以安排团队对其进行话术培训。

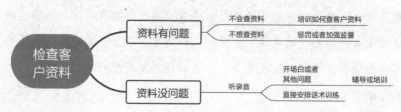

管理之路：重新认识销售经理

案例4：销售员的外呼数量和3分钟以上通话时长数量都很高，但意向客户数、拜访客户数都很少。

解决方法如下。

通过听录音，判断其沟通内容是否和业务相关。

第一，不相关。直接进行惩罚或者加大监督力度。

第二，相关。要通过分析录音来了解销售员的思路是否有问题，沟通的目的强不强。如果思路不好，就要安排销售思路培训，同时也可以安排优秀的销售员进行签单分享。当然，也可能是销售员不会判断意向客户，针对这种情况，我们要在安排培训的同时安排优秀的销售员进行分享。

我们团队曾有一个叫Arthur的销售员，他的电话量很高，就是没有什么意向客户。后来我一听录音发现，他根本不会判断意向客户，不管什么样的客户他都要跟客户长聊，所以导致通话时长很长，但没有结果。后来我给他单独培训了如何判断意向客户，过了几天，他的意向客户数量就开始增加了。

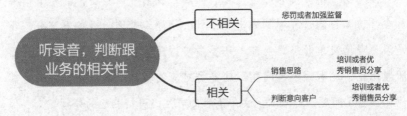

案例5：销售员的外呼数量很高、3分钟以上通话时长的数量、意向客户数都很高，但拜访客户数很少。

解决方案如下。

我们还是要听销售员的通话录音，分析销售员是否有邀约意识。如果有，检查是不是邀约话术有问题或者是意向客户有问题，然后有针对性地安排对应的辅导或者培训；如果没有，我们就要进行加强邀约意识的辅导或者进行邀约演练，直到销售员养成邀约习惯。

我们团队曾有一个叫 Glen 的销售员，基础工作量都很到位，但就是约不到客户。一听录音发现，原来他邀约客户太委婉，只要客户一推辞，他就直接放弃邀约了。后来我们让他听了团队中优秀销售员的录音，同时安排了邀约辅导，两天后他直接邀约到 3 个客户，现场签约 2 单。

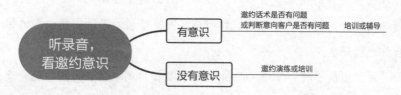

案例 6：销售员的外呼数量很高、3 分钟以上通话时长的数量、意向客户数、拜访客户数都很高，但就是没有成交。

解决方法如下。

首先要看销售员的拜访是否有问题，我们可以陪访，看一下销售员在拜访客户的过程中到底出现了什么问题，是因为准备不充分，还是因为现场谈单时思路混乱。只要多陪访几个客户就能找到销售员的问题所在，发现哪里有问题，就安排对应的辅导或者培训。如果是其他环节出了问题，就采取上文中讲过的方法，进行相应的处理。

我们团队曾有一个叫 Carrie 的销售员，连续见了好几个客户，但一单都没有签。后来我就跟着她去见客户，到了客户那儿我发现，Carrie 拜访客户时有严重的问题，一见到客户就自己说个没完，根本没有给客户提问的机会，当然也没有倾听客户的想法，最后导致自己说了一大堆也没有签单。回来后我指出了她的问题，并且为她做了拜访客户的演练和培训，1个月后，她的拜访客户签单率达到了40%。

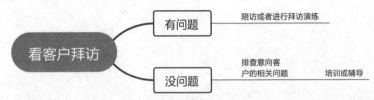

随着数据时代的来临，数据分析变得越来越重要。作为一个销售管理者，数据分析是一项必备技能。**一个优秀的销售管理者一定是多面手，既要懂业务、懂管理，还要会借助工具进行数据分析。**不管你今天会不会，未来你一定得会，因为这是趋势。

PART 4

团队赋能:
如何打造一支优秀的
销售冠军团队?

团队搭建：从无到有，组建战无不胜的销售冠军团队

我在刚刚升任销售经理的时候，脑子里产生过很多疑问：到底该如何组建一支优秀的销售团队，到底该从哪里下手，哪些工作是我要重点关注的，哪些工作是可以授权给他人做的……当时没有人告诉我到底该怎么做。

总监 Ann 只是告诉我："金旺，你现在的第一要务是招聘，招聘更多优秀的销售员，先把团队搭起来。"但当我初步搭建成10人的团队时，接下来便没有了进一步的指导。

既然没有成型的销售管理体系，我只好自己摸索着带团队。刚开始也踩了很多坑，直到我加入360搜索销售团队，从0开始组建团队后，我开始把过去的经验和教训进行总结提炼，整理出一套比较系统的管理方法。

组建一支新团队，我认为至少要做好以下4件事。

组建新团队

01 招聘新员工　　　　　　03 建立部门制度
02 打造团队文化　　　　　04 做好实战培训

1. 招聘新员工

销售经理最重要的任务之一就是招聘，而且这个动作永远不能停，因为销售员的流动性太大了，千万不要因为已经有10个人了就满足现状，我们要清楚，这10个人可能会在1~2个月内走掉一半甚至更多。

在360搜索销售团队时，我带了一个叫James的新经理，他第一个月就招聘了8个销售员，我当时叮嘱他千万不要放松，还要继续加大

招聘力度，但他并没有听到心里去，而是满足于自己的成绩，放慢了招聘进度，结果之前入职的8个销售员在第二个月时只剩下3个，其他5人由于各种各样的原因都离职了，James后悔不已。从那以后，他吸取了这次教训，不停地招聘，3个月后团队规模达到了15人，而且稳定性还不错。

关于招聘，我总结了一些经验，供大家参考。

第一，招聘的时候千万不要感情用事。

2013年年底，HR向我推荐了一个名叫Lance的候选人，我跟他沟通了一会儿，感觉他的表达能力还不错，但他住的地方离公司很远，单程要2个小时，我问他会不会有困难，他说能克服。

接着当我问到家庭状况的时候，他跟我说目前生活遇到了一些困难，我对他产生了同情。经过商量，我们一致决定录取他，录用的理由并不是因为他有多优秀，而是他的故事打动了我们，我们想帮帮他。

我们以为他会珍惜这次机会，没想到他第一天上班就迟到，参加培训的时候状态也不好，后来又迟到了两次，工作表现也很差，最后被劝退了。

自此以后，我在招聘的时候绝不再感情用事。这也是我成为销售经理后，经历过的最深刻的一次教训。

第二，新经理要过面试关。

据我了解，大部分公司的销售员晋升为销售经理后并没有接受严格的面试培训，他们完全是凭感觉去面试。这种不专业的做法会产生两个后果，第一个是让候选人感觉公司不正规，继而无法吸引到真正优秀的人；第二个是很可能招聘到能力低的员工。

为什么很多团队招聘不到优秀的销售员？排除公司品牌、薪资的

团队赋能：如何打造一支优秀的销售冠军团队？

影响，最主要的还是面试官的问题。

在我们团队，我会给新经理做面试培训，把我面试的经验和流程分享给他们，同时也会带着他们面试几次。前几次我做面试官，他们旁听；后几次他们做面试官，我旁听。面试结束后一起进行复盘，直到新经理可以独立胜任面试工作。

在今日头条，无论是外聘的还是内部晋升的经理，都要接受面试培训，只有通过面试官考核认证的经理才可以独立去面试，否则必须由直属上司陪同面试。我认为这个制度非常好，可以有效地提升面试水准，招聘到更优秀的人才。

第三，人才画像，"六要""五不要"。

我们在招聘的时候一定要有人才画像，我总结了6个积极的要素，分别是**聪明、有目标、有欲望、皮实、积极乐观、稳定性好**。我认为这是非常理想的候选人画像，如果我们在招聘的时候按照这个标准筛选求职者，那么招聘来的人一定不会差。

同时我也总结了5个消极的要素，分别是**素质低、态度差、性格太内向、人品差、无欲望**。拥有这些消极要素的人，大部分情况下不会产生好的结果，招进来也是白费力气。

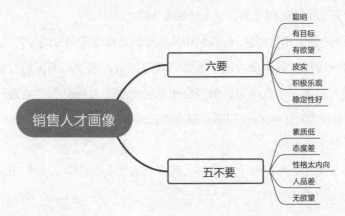

一个团队能不能成为优秀的团队,我个人认为80%取决于团队的销售人才,没有好销售员就不会有好业绩。我过去带的团队之所以能够取得较好的成绩,我认为很重要的一个原因是,跟我一起奋斗的销售伙伴都十分优秀,是优秀的大家成就了优秀的团队。所以,招聘一定要严格把关,宁缺毋滥。

2. 打造团队文化

团队文化是团队的灵魂,没有灵魂的团队便无法创造出辉煌的业绩。在360搜索销售团队,团队成立之初我们就确定了团队文化的3个版块。

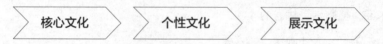

第一个是核心文化,包含价值观、使命、愿景;

第二个是个性文化,也就是团队的基调,如是文艺范儿、文化范儿、江湖范儿、军队范儿,还是其他范儿;

第三个是展示文化,包含两方面的内容:团队风采和环境渲染。

★核心文化

如果公司有明确的价值观、使命、愿景,就需要把重心放在团队愿景的打造上。愿景是前进的动力,是前进的指明灯,没有愿景,就相当于失去了前进的方向,也无法凝聚团队的力量。

在360搜索销售团队时,我们团队的愿景是做全国第一的销售团队,我们的一切行动都围绕着这个愿景展开的,当大家干劲不足的时候,我会跟大家说:"全国第一的销售团队会干劲不足吗?""会遇到一点困难就放弃吗?"……用愿景驱动团队成长,是一个很好的方法。

★个性文化

我个人有一种理想主义情怀,我喜欢有文化的团队,我们团队定的基调是文化范儿。这里的文化范儿不是指学历高低,而是指一种个人修养,如正直、谦虚、胸怀宽广、乐于奉献等。也正是这些文化积淀,为我们接下来的行动打下了基础,让我们团队变得与众不同:我们很"狼性",同时也有文化范儿的坚守和底线。在团队发展后期,我们为新员工安排了师父,师父帮助徒弟跟单,帮助徒弟提升销售技能,这些都发挥了团队文化范儿中的奉献精神。

★展示文化

展示文化是团队文化的一种呈现,分为两种展示形式。

形式1:团队风采展示。

在团队成立之初,我们就要把团队的名称、口号、歌曲等定好,并且要在早、中、晚会的时候整齐划一地表现出来。

我在一家上市金融集团做地推销售的时候,当时公司有200多个销售员,平时大家基本上都在外面跑客户,很少回公司。但每周一开大会时,领导要求所有团队都要上台做风采展示。我对其中一个团队的印象最深,他们团队是军队式的展示风格,团队成员要立正、稍息,挨个报自己的名字,然后统一响亮地喊出团队的口号,那个喊口号的响亮度可谓"惊天地,泣鬼神",每次都震撼全场。他们团队的风采数一数二,当然业绩也是数一数二的。我经过观察发现,如果一个团队连喊口号都喊得没有力量,那么这个团队的业绩绝对不会好。

形式2:环境渲染展示。

环境渲染展示指的是通过一系列的措施来提高工作环境的氛围,如张贴荣誉榜、销售冠军海报、励志海报、照片墙等。这些东西能在视觉上刺激销售员,让大家时刻感觉自己是在一个优秀的团队中工作,自己得努力,不能拖后腿。如果大家用心观察,就会发现业绩优秀的团队在这方面做得也一定十分突出。

在360搜索销售团队时,我们团队也做了很多关于环境渲染的展示,下面这3张图便是其中一部分。

3. 建立部门制度

正所谓无规矩不成方圆,一个优秀的团队一定是纪律严明、赏罚分明的。公司有公司的管理制度,团队也必须要有自己的管理制度。

在360搜索销售团队时,我们制定了八大方面的制度。

新团队的制度							
1.	文明公约	3.	考勤制度	5.	卫生管理	7.	红线行为
2.	日常管理	4.	会议管理	6.	社交礼仪	8.	奖励制度

第一个是**文明公约**,如诚信、正直。

第二个是**日常管理**,如每日工作总结,意向客户表、资料表、见客户表、日报、周报、月报的书写以及发送要求。

第三个是**考勤制度**,包括关于请假、迟到、外出见客户等方面的要求。

第四个是**会议管理**，如开会要求、会议纪律等。

第五个是**卫生管理**，包括办公环境卫生和个人卫生。虽然公司有保洁人员，但我们要求团队每周进行一次大扫除，保证办公环境的干净、舒适。

第六个是**社交礼仪**，包括员工与上级、下级以及跨部门沟通时的一些原则。

第七个是**红线行为**，公司有红线规定，部门也得有，只要有违反的员工直接对其实施处罚措施。

第八个是**奖励制度**，包括销售业绩排名奖励、内推奖励、日常表现优秀奖励以及各种突出贡献奖励等。

当然，这些制度也不是一下子制定出来的，而是循序渐进地制定，不断地更新、调整出来的。制度要人性化，要与时俱进。

在制定制度的过程之中，我总结了3点教训。

第一，严格执行。

不管是谁，只要违反了部门的制度，一定要接受惩戒，绝对不可姑息，尤其是销售员第一次触犯红线的时候，更要坚定地执行，不然这个制度很快就会形同虚设。

北京某房地产公司的销售经理Brandon就是因为心软，员工触犯了部门的制度，他总是不好意思惩罚，还给员工找理由开脱，最后导致团队的制度根本执行不下去，没有人再听他的安排，他自己也很难受。

俗话说"慈不带兵"，带团队必须要够狠，尤其是在执行制度方面，任何人都没有特权，包括管理者自己，千万不要因为"不好意思"而害了团队。

第二，一视同仁。

对待新老员工必须要一视同仁，不能搞差异化，也不要有偏袒，否则领导的威望很快就会消失。我见过很多高潜质的经理在这方面犯错，导致团队成员对他们的意见很大，员工各自为政、团队一盘散沙。

第三，公开惩罚。

如果有人触犯了规则，一定要公开惩罚，让团队所有人都知道，让大家引以为戒，切忌悄悄地进行，这样不会产生什么警告作用。

4. 做好实战培训

对于团队来说，要给足新员工能量，对他们既要有心态方面的建设，又要有实战技能方面的支持。在这个阶段，管理者**一定要坚持"小规模""多频次"**的原则进行实战培训，当天的问题一定当日解决。

那么，到底该如何有序地推进呢？

第一是**文化落地**。前文中讲了要打造团队文化，新员工进入部门后，管理者要做的第一件事就是把团队文化讲给新员工听。

第二是**销售冠军做分享**。团队管理者要安排团队中的优秀新人或者公司的销售冠军给新人做分享，给大家信心，让大家看到希望。

第三是**销售技能培训**。培训包括开场白、挖需求、跟单、逼单、面访客户等一系列技巧。当然，要循序渐进地进行，千万不要一下子都讲完，否则新人根本吸收不了。

第四是**模拟演练**。对销售的话术、拜访客户的场景等都要进行高频的训练。

第五是**录音分析**，我们要对新销售员的通话录音进行分析，找出优缺点，并给出改进建议。

第六是**综合培训**。如行业分析、产品培训、竞品分析、卖点分析等。

PART 4 团队赋能：如何打造一支优秀的销售冠军团队？

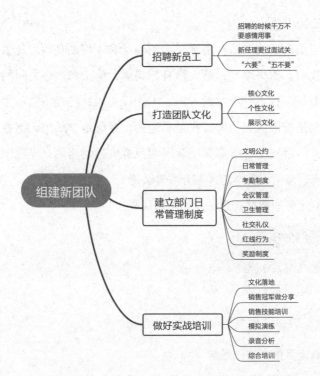

在团队的组建阶段，**最重要的就是招聘新员工、打造团队文化、建立部门日常管理制度、做好实战培训这四件事**。这四件事是团队发展的基础，也是团队发展的基石。团队管理在这个阶段会很辛苦，会有处理不完的事，但不要怕苦，现在的苦是为了以后的甜，打好现在的基础才有以后的大踏步前进。

团队波动：如何管理一支处于动荡期的销售团队？

我在刚做销售经理的时候有一个错误的认知，以为把团队搭建起来就万事大吉了。其实组建团队仅仅是完成了第一步，接下来还会有团队的动荡期，只有扛过了这个动荡期，团队才能活下来，才有机会去创造好的成绩。

处于动荡期的团队会出现很多的波动和不好的现象，比如，新人的稳定性差，流失率高；新人没有归属感，员工和经理之间的信任感很低；新员工找不到工作的方向，工作压力大；经理招聘压力大，不知道如何搭配团队架构等。我是幸运的，我所带领的团队都扛过了这个阶段，但事实上有很多新团队因为没有度过动荡期，导致团队一直做不起来，最后不得不选择离开或者转岗。

面对这样的情况，到底该如何破局呢？

> **团队波动期的破局之术**
>
> 1. 确定目标，统一思想
> 2. 搭建团队架构，培养人才
> 3. 建立考核制度，优胜劣汰

1. 确定目标，统一思想

在360搜索销售团队时，我们团队（大概有12个人）成立两个月的时候面临的主要问题是如何留住团队伙伴，以及如何让大家出业绩。这12个人都是销售"小白"，大部分刚刚大学毕业，还有一些从来没有做过销售工作。说实话，想让他们快速做出业绩，真不是一件容易的事，当时我特别焦虑。

基于过往的经验，我知道这个时候销售员最容易出现的就是"怀疑"态度，怀疑自己干不好这份工作，怀疑自己学不到东西，怀疑这个团队不能让他赚到钱等。所以这个时候，**管理者要做的第一要事就是消除员工的疑惑，帮助大家坚定信心。**

那段时间我们每天下班都很晚，下班晚并不是让大家一味地加班冲业绩，而是由我带着大家一起学习成长。我给大家讲了很多故事、

PART 4 团队赋能：如何打造一支优秀的销售冠军团队？

案例、技巧、方法，把我学到的、看到的、经历过的、感悟到的有关销售的各个方面的东西，循序渐进地给大家做了分享。虽然我们每次分享、讨论的时间都很长，但我没有看到大家的消极情绪，反而从大家的眼睛里看到了对知识的渴望。这样的学习我们持续了很长一段时间，大家白天认真工作，晚上一起学习交流，氛围很融洽，大家成长得也很快。

也就是在那段时间，我们统一了思想，共同制定了团队的业绩指标，大家都满怀信心地承担起自己的业绩任务，没有人有抗拒的情绪。我那个时候切身感受到了思想统一的重要性，统一思想也让我们的团队发展得更加快速了。

2. 搭建团队架构，培养人才

我认为一个团队中通常包含 3 种类型的员工，即**"明星"头部、骨干腰部、流动尾部**。"明星头部"在我们的团队中为数不多，他们工作积极、能力突出、业绩优秀，是团队的业绩标杆。对于明星员工，团队管理者一定要给予足够的关注和奖励，让他们成为其他员工羡慕的对象，从而激发大家争做明星员工的热情。

对于我们团队的明星员工，我给了他们足够多的荣誉和光环，如做荣誉海报、颁发荣誉奖杯、荣誉证书、奖励超值奖品等。右图为明星销售员 Carry 的部分奖牌。

"骨干腰部"在团队中占多数，稳定性比较好，态度和业绩都不错。这些员工是团队的支柱力量，他们的表现对于团队的整体发展至关重要。其实他们也在睁大眼睛盯着团队管理者，看着团队管理者如何对待明星员工。他们会根据团队管理者行为的好坏，来决定自己是否要付出代价，成为"明星"员工。

"流动尾部"人数很少，业绩不稳定，能力一般，需要耐心培养。事实上，他们不仅不能完成业绩，有时候还会影响明星员工完成任务。流动尾部的员工并不是人不好，只是可能不太适合当前这份工作或者还没有适应这份工作，所以，团队管理者做事时要对事不对人，这点一定要明确。

明确了团队中员工的类型后，具体该如何搭建团队的架构呢？

第一，人才搭配。

一般情况下，一个优秀的团队由30%的明星员工、60%的骨干员工以及10%的流动员工组成。

接下来我们以10人的团队为例进行讲解。

巨星团队：6个"明星"+4个"骨干"+0个"流动"。我认为这是优秀团队的最高级别，也是所有销售团队向往的目标。但这个团队架构只会存在一段时间，不会很长。幸运的是，有一段时间我们团队达到了这个配置，那段时间简直是所向披靡。

明星团队：4个"明星"+5个"骨干"+1个"流动"。如果能达到这样的架构，说明这个团队已经是很出色的销售团队了。

新星团队：2个"明星"+3个"骨干"+5个"流动"。拥有这样配置的团队通常处于快速发展期，正是全力奋斗的关键时刻。

新团队：0个"明星"+4个"稳定"+6个"流动"。刚刚成立的团队大部分是这样的配置，甚至比这个还要差。当然这也很正常，每个优秀的销售团队都是从这个阶段发展起来的。

曾经有一段时间，我个人带过21个人的销售队伍，当时团队中有

7个明星销售员，10个骨干销售员，4个流动销售员。也正是这样的团队配置，让我们创造了一个又一个好成绩。

第二，人才培养。

作为团队管理者，我们的职责是帮助团队成员提升能力，以胜任当前这份工作，帮助他们在个人和职业方面获得成长。这就意味着，我们必须竭尽所能，帮助员工成为最出色的自己。我们要做的是把流动员工培养为骨干员工，把骨干员工培养为明星员工，把明星员工培养为巨星员工。

对于明星员工，要鼓励他们冲刺销售冠军，突破销售业绩，给予他们一定的角色担当，增强他们的责任感，扩大他们的影响力，如让他们做师父、小组长等。同时，我们也不要忘记赞赏他们的努力和贡献。千万不可以忽视他们，要对他们格外关注。

对于骨干员工，一方面要提升他们的销售技能，另一方面要根据他们的特长为他们分配一些角色，如卫生部长、娱乐部长、摄影达人、生活委员等，让他们感到价值感和归属感。多鼓励他们，鼓励他们向明星员工看齐。骨干员工的业绩上来了，团队的业绩也就上来了。

对于流动员工，团队管理者可以根据员工的性格特点，从骨干员工和明星员工中选择一个师父，让师父协助他们提高能力。当然，管理者自己也要给流动员工加强培训和提升技能。有了团队管理者和师父的协助，只要员工足够努力，就一定可以做出好业绩。

我发现很多经理把大部分精力放在了培养流动员工身上，最后发现流动员工的业绩有所提升但幅度很小，结果导致团队业绩一直无法突破。要让团队业绩大幅提升，管理者应该把更多的精力放在明星员工和骨干员工身上，让"明星"更优秀，让"骨干"变成"明星"，他们每个人提升一点点，团队的业绩就会上升一大截。我一直都是这样做的，希望正在阅读的你也可以这样做。

3. 建立考核制度，优胜劣汰

作为团队管理者，我们要跟团队的小伙伴达成共识，那就是**"剩者为王"**，鼓励大家坚持不懈。我们团队当时是怎么做的呢？大家一起不断地读《世界上最伟大的推销员》第十章的内容："坚持不懈，直到成功。"

我们把那些表现差的销售员以末位淘汰制淘汰掉，然后不断招聘优秀的销售员，让团队时刻保持优秀的状态。销售这份工作需要一定的紧迫感，建立淘汰机制就是提高销售员紧迫感的有效方法之一。

当然，我们要根据实际情况制定淘汰机制，如果公司的淘汰机制已经很严格，那么严格执行公司的制度就行了；如果公司没有明确的淘汰机制，那么团队管理者就可以建立一个机制。比如，优先淘汰那些态度不好，不够努力，业绩又差的销售员；对于态度好、业绩不太好的销售员，可以适当地延长考核期，再给他们一次成长的机会。

在360搜索销售团队时，我们团队有一个名叫Kelly的优秀销售员，他就经历过考核期延长，要不是给他做了延长，我们团队就损失了一个销售人才。Kelly刚入职的时候由于种种原因表现一般，但经过一段时间的培养和训练后，一下子就爆发了，接连获得新人冠军、团队冠军、事业群冠军，乃至全公司冠军。

PART 4 团队赋能：如何打造一支优秀的销售冠军团队？

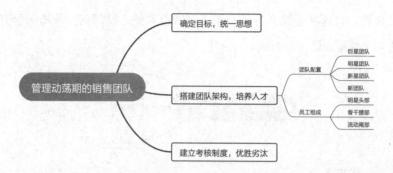

团队的动荡期一般会持续 1～2 个月，在这几个月中我们会遇到各种各样的棘手问题，文中也提到了一些，但一定有一些问题是文中没有提到的。不管遇到什么样的问题，在这个阶段，团队的核心理念是**"统一思想、消除顾虑"**，也就是让全体员工统一思想，解决大家的疑虑和困惑。如果可以做到这些，团队动荡期就能顺利度过。

团队凝聚：如何打造一支凝聚力强的销售冠军团队？

经历过团队动荡期，员工算是暂时稳定了，但新的问题又会出现，比如，员工的状态和动力大不如前，状态疲惫，工作懈怠；以前的新鲜劲儿慢慢衰减，对于参加重复的团队活动也变得不积极。这个时候最重要的动作就是增强团队凝聚力。

我在组建 360 搜索销售团队时，有一个原则记得特别清楚：增强团队凝聚力绝对不是我一个人可以做到的，一定要发挥集体的力量。但那个时候没有人告诉我到底该怎么做，于是我苦苦寻找各种解决办法。我研究了"阿里铁军"的销售管理方法，也参考了联想的管理哲学，还学习了世界著名实业家稻盛和夫的管理思想，看了很多关于销售管理的书。虽然没有找到具体的操作办法，但我得到了一些管理思路，于是就顺着这些思路开始做起来，边做边调整，没想到，我的这套方法对于凝聚团队十分有效。

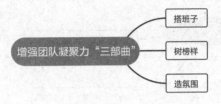

1. 搭班子

联想创始人柳传志总结了管理三要素：搭班子、定战略、带队伍。我个人认为，管理一支团队和管理一家企业有很多相似的地方，完全可以借鉴这样的管理思路。

在360搜索时，我带领的那支销售团队的规模基本稳定在15人，于是我就建立了3种班子角色。

第一种角色是师父，我把这个角色定义为团队的第二人才成长导师，师父可以一对一地培养新人和销售骨干，协助我培养好人才；

第二种角色是小组长，也是团队的管理副手，协助我管理团队；

第三种角色是政委，是团队的文化和思想标杆，协助我做好团队人员的思想工作，带头响应一切号召。

这样下来，我们团队会存在1个政委、3个组长、3个师父。毕竟人数有限，所以会出现一人担任多个角色的情况，我们团队除我以外还有4个管理助手。我很感谢他们，他们帮助我做了大量的工作，师父可以起到传帮带的积极作用，组长可以帮我分担一些管理任务，政委可以帮我给团队的小伙伴做思想工作，保障大家思想的积极性。

很多销售经理问我，该如何识别这3种角色？我认为师父一定是业绩高手，实战经验必须丰富，并且擅长分析、总结；小组长可以是业绩高手，也可以是做事稳重踏实、积极向上的销售骨干；而政委需要对团队绝对忠诚，而且要由想法比较多、人缘非常好的人来担任。如果团队中没有这样的人，就要用心去招聘了。

2. 树榜样

要增强团队的凝聚力，就必须在团队中树立一个或多个榜样。我认为榜样一般可以分为两大类，一类是**能力型榜样**，另一类是**态度型榜样**。团队中业绩最出色的人可以作为员工的业绩榜样，业绩榜样可以鞭策员工冲销售业绩，让大家看到希望；团队中心态最好、最正能量的人可以作为员工的态度榜样，稳定员工的心态，让大家保持好状态。

如何培养榜样呢？

第一，经理亲自培养。当时，我的策略是自己亲手带好几个出色的销售员，然后把他们打造成榜样。于是，我把大部分的精力放在打造师父、小组长、政委身上。我经常跟这些人一起开会、聊天、沟通，提升他们的认知，给他们提供更多的方法和思路。没过多久，团队第一个业绩榜样就出来了，她叫 Carry，从新人王到新人冠军，再到团队冠军，我全力打造她的光环，以此来刺激其他人。紧接着，第二个、第三个业绩榜样也出来了，团队的工作氛围一下子就好起来了，每个人都争着抢着要成为团队的榜样。

第二，吸引榜样加入。除了自己培养榜样外，也可以去外面寻找榜样。竞争对手公司或者同行业公司都有优秀的销售人才，我们可以利用自己公司的影响力把这些人才吸引过来，让他们做我们团队的榜样。当然，这个方法有利有弊，见效确实比较快，但也容易出现成员融入难的问题。

如何让榜样发挥更大的作用？

第一，资源倾斜。一个销售"明星"背后一定有无数支持他的人，团队管理者就是他身后最有力量的那个。在合适的时机，团队管理者可以适当地给予榜样一些资源支持，最好让他创造一些销售业绩纪录，这样更能激发团队其他成员的工作热情。

第二，多多分享。作为团队管理者，我们要让榜样养成乐于分享的习惯，只要开单就要安排他进行开单分享，实用的干货技巧不仅能够帮助其他员工提升销售能力，激发其他员工奋斗的欲望，同时还能增强分享人的自信心。

第三，公开表扬。要让榜样发挥出更大的影响力，就要把榜样打造成"团队明星""事业部明星"，乃至全公司的"销售明星"。团队管理者要抓住各种机会，在各种场合表扬榜样销售，如在销售表彰大会上、喜报邮件中以及公司的海报宣传栏上等。这样既能全方位激发榜样的潜能，让他充满干劲和能量，还能大范围地刺激到团队中的其他销售员，让大家看到当销售明星的好处。

我们团队之前做了很多动作来宣传榜样，比如，给榜样颁发各种奖杯、奖牌，在办公区域悬挂海报，在公司宣传栏挂明星销售员的海报，在销售内刊宝典中给他们写专栏文章，以及制作采访短视频等，通过各种方式给明星销售员以全方位、立体式的曝光，扩大他们的影响力。事实证明，这个方法真的有效。

3. 造氛围

从古至今，每个人都很容易受到身边环境的影响。比如，大家熟知的"孟母三迁"的故事，以及"近朱者赤，近墨者黑"之类的名言警句，都在说明身边环境的重要性。一个优秀的销售团队一定有良好的工作氛围，一个差劲的销售团队的工作氛围一定好不到哪里去。那么，具体该如何打造好的工作氛围呢？

第一，举办激励活动。激励的方式有很多种，如长期激励、短期激励、物质激励、荣誉激励等，后文会详细讲解激励销售员的方法，这里不做过多的介绍。

第二，做有意义的团建。说起团建，大家首先想到的一定是聚餐、KTV 飙歌等娱乐活动，其实团建还有很多种形式，不仅仅局限于娱乐活动。团建的目的不仅仅是召集大家一起玩，更重要的是增进彼此的感情，让大家展示出与众不同的一面，同时也是给大家一种体验，让大家在工作中感受到不同的东西。有意义、规律性、创新型的团建对于增强团队的凝聚力有非常大的好处。

常见的团建活动都有哪些主题呢？

第一，释放自我主题。当团队要完成一个重大任务的时候，大家的压力比较大，得找个窗口释放出来，这种时候，我会安排一些释放自我的主题活动，比如，吃饭聚餐、KTV 欢唱、泡温泉、轰趴馆聚会、集体旅行等，以此来释放员工的压力，给大家减压。

第二，激励团队主题。如果发现新员工难以融入团队、员工进取心不足、榜样的力量不够强大、团队凝聚力不够强等，这个时候就可以安排激励团队主题的团建活动。比如，举办登山比赛、跑步比赛、徒步比赛、趣味运动会、户外拓展训练等活动，这种竞赛型的活动可以提升大家的战斗热情，给大家赋能。这些活动我们团队几乎都举办过，每举办一次，团队凝聚力都会上一个台阶。

第三，感恩文化主题。感恩文化主题对于打造感恩团队、增强员工的归属感、降低团队流失率都有很好的作用。常见的主题活动有员工生日聚会、冠军小组聚会、老员工欢送聚会、感恩节活动等。

我们的团队设置了感恩文化，我们希望员工可以学会感恩。在日常工作中，师父帮助徒弟追单，徒弟要感恩；小组长帮助组员见客户，组员要感恩；政委帮助大家提升工作信心，员工要感恩。毕竟谁也没有义务无偿地帮助谁。

感恩文化要从管理者做起。我们团队从成立到现在，都是我自掏腰包给团队每个成员庆祝生日，一个都没有落下。我会隔三岔五地给团队小伙伴制造惊喜，真诚地对待每一个员工，所以员工对我也很好。就是这些小事，在一步步地增强我们团队的凝聚力。

第四，创新型主题。创新型主题活动可以让员工发挥个人优势，给员工提供大显身手的机会，增强员工的自信心，而且一些新鲜出奇、高端有档次的团建活动还能打开员工的眼界。常见的活动形式有厨艺比拼大聚会、部门小晚会、团队自驾游、红酒庄园品酒、水果园采摘、集体看音乐剧等。

我们团队之前举办过部门小晚会，每个人都发挥了各自的优势，有人做主持人，有人唱歌，有人表演小品，有人朗诵诗歌、有人做美食采购。通过这个活动，好几个员工都让我们眼前一亮，平时他们看上去很内向，一旦唱起歌来特别开放、狂野、有力量。

也正是这次活动，让一部分员工收获了自信，也拉近了团队成员之间的距离。事后有些员工主动向师父、组长请教问题，工作劲头也上来了，没过多久，一些员工的业绩便飞速提升。

不管是哪种主题形式的团建活动，都不能常年做一样，一定要多样化，给员工带来更多的新鲜体验。

搭班子、树榜样、造氛围是打造团队凝聚力的关键。我觉得在做这三件事情的过程中一定要注意三点：第一，要不断讲述团队的共同愿景，明确工作是为了工资收入、事业，还是为了个人成长提升；第二，要不断激发团队成员的荣誉感，才能把团队拧成一股绳；第三，要不断沟通，跟员工耐心沟通、真心沟通、用心沟通。我相信，只要从现在开始做起来，我们的团队一定会发展得越来越好、越来越强大。

团队激励：激励销售团队的29个方法

团队激励是每个销售管理者的痛点，为了给团队销售员做激励，我尝试过很多做法，如买书、上网搜索、询问身边的朋友，但都没有找到特别匹配的方法，很多资料讲得都比较笼统，参考意义不是很大。但这件事等不得，于是我结合看到的和感受到的做了一些创新和总结，尝试了一些激励方法，经过实践，这些方法确实比较有效。后来一些跟我关系不错的同事让我给他们分享销售激励的方法，也就是从那个时候，我开始有意识地收集、整理、归纳，时至今日，我已总结了一套比较系统的方法。

按照时间维度，我把激励分为**短期激励**和**长期激励**两种。短期激励指的是以周、月或季度为单位的激励，这种激励效果十分明显，见效快但持续影响力较小；长期激励指的是周期超过1个月的激励方法，需要持续进行，一开始见效慢，但随着时间的推移，效果会越来越好，持续影响力大。

1. 短期激励

短期激励可以分为制度激励、荣誉激励、活动激励、宣传激励、口号激励5种。

短期激励

- 制度激励
- 荣誉激励
- 活动激励
- 宣传激励
- 口号激励

★制度激励

制度激励是最常见的激励方法之一,是指通过设置销售人员之间的 PK 政策来进行激励。制度激励通常分为以天为单位和以月为单位进行激励。

(1)每日激励——小组积分荣誉激励。

在 360 搜索销售团队时,我们团队首创了每天进行小组积分竞赛的激励方法,特别有效,被很多团队争先效仿。值得注意的是,应用这种激励方法的前提是团队人数大于 6 人,少于 6 人的团队使用该方法的效果可能不佳。小组每日激励积分表如表 4-1 所示。

表4-1 小组每日激励积分表

步骤	内容	举例
第一步	把团队人员进行分组,并指定组长	规则如下: 小组得分 = 基础工作得分 + 绩效得分 基础工作:资料量、电话量;
第二步	设置 PK 规则	绩效工作:意向客户数、见客户数、签单数; 基础工作按照扣分制计分:各项指标不达标扣 10 分; 绩效工作按照得分制计分:一个意向客户积 1 分(周六日一个意向客户积 3 分),见客户积 3 分,见 1 个客户折合 2 个意向客户,签 1 单积 10 分,师父带徒弟见客户给师父积 10 分,陪访同事见客户积 10 分
第三步	统计并评选当日冠军小组	

小组 12 月积分表如表 4-2 所示。

表4-2 小组12月积分表

组名	姓名	12.1						12.2						12.3						12.4						12.5						12月第一周总计		
		意向客户数	单子数	见客户	资料量	电话量	分数	意向客户数	单子数	见客户	资料量	电话量	分数	意向客户数	单子数	见客户	资料量	电话量	分数	意向客户数	单子数	见客户	资料量	电话量	分数	意向客户数	单子数	见客户	资料量	电话量	分数	意向客户数	单子数	分数
一组	田																																	
	王																																	
	宋																																	
	张																																	
总计																																		

每天晚上开完会后，我们会按照对应的积分项进行核算，得分最高的获得"今日冠军小组"荣誉称号，当日得分最低的小组全体成员要接受一定的惩罚。

（2）每日激励——小组积分物质激励。

针对小组积分，除了可以进行荣誉激励外，还可以进行物质激励，物质激励更适合针对个人。在今日头条时，我们团队举办过很多次积分拍卖会激励活动，具体规则是提前采购一些物品，然后为这些物品设置对应的积分，销售人员可以按照自己的积分兑换物品。有趣的是，不是积分够就能得到自己想要的物品，而是最高积分的销售员才能获得。

举例：100 积分可以兑换苹果耳机，其中有两个销售员要竞价兑换这个物品。只要是积分大于等于 100 都可以兑换，销售员 Vicky 有 150

积分,他愿意出 150 积分兑换;Jesse 有 200 积分,但他只愿意出 120 分,那么这个苹果耳机最后就会被 Vicky 兑换走。

(3)每月激励。

从事销售管理多年来,我用过非常多的 PK 政策来激励销售团队,为了更好地呈现效果,我做了一张表格(表 4-3)。

表4-3 PK政策详解

PK 政策分类	内容	适用条件
PK 类型	1 对 1 PK	更适合新销售员
	两两 PK	更适合一个销售高手带一个销售新手的情况,两两成为一组,两组之间对抗
	小组 PK	每组 3~5 人最佳,适合人数多的团队
	团队 PK	更适合水平相当的多支团队之间的对抗
	目标值对赌 PK	适合设置挑战性的目标,完成目标任务值的前几名获胜
PK 指标	订单数	
	业绩	
	任务值的完成率	
	过程数据(意向客户数、拜访客户数等)	
PK 分组标准	随机抓阄分组	
	按照工龄分组	
	个人定向宣战	
	团队定向宣战	

★ 荣誉激励

荣誉激励指的是通过设置销售冠军（一般分为日冠军、周冠军、月冠军）、黑马（最快进步奖）等奖项的方式激励销售员冲刺，这个方式是最为大家熟悉的方式，大部分销售团队都在使用。荣誉激励法要用得好，我认为最关键的是加大宣传力度。我见过一些团队虽然在颁发这些奖项，但除了开个会，没有任何的宣传，销售员对获奖毫无感觉。这个奖一定要可视化、流程化，让大家有欲望争着抢着去拿才行。

★ 活动激励

我把活动激励分为3大类别：竞赛类、娱乐美食类、游览类（表4-4）。

表4-4　活动激励

类别	形式	具体活动	好处
竞赛类	体育竞赛	趣味运动会、素质拓展训练、骑行、登山活动等	有助于培养团队凝聚力、发挥个人特长
	娱乐竞赛	唱歌比赛、跳舞比赛等	
	知识竞赛	主题演讲、知识答题比赛等	
娱乐美食类	团队建设	品尝美食大餐、K歌、看电影、周五茶话会等	有助于增进彼此的了解、拉近距离、加强团队荣誉感
游览类	出行旅游	市区公园一日游、外埠热门景点旅游度假	

★ 宣传激励

宣传激励分为对内和对外2种方式（表4-5）。

表4-5 宣传激励

方式	形式
对内宣传激励	电子邮件、QQ、微信群、微信朋友圈
对外宣传激励	销售冠军墙、销售冠军海报、业绩榜单、短视频采访

★口号激励

我是受电视剧《我是特种兵》的启发想到的口号激励法,我也制定了属于我们团队的口号激励方法(表4-6)。每天早上喊完这个内容,团队成员都超级有信心,精神也特别振奋。

表4-6 口号激励

方式	形式
宣传标语激励	在海报、横幅上写宣传标语,进行视觉刺激
喊口号激励	我是××业务特种兵,是最精锐的战士! 我将勇敢地面对一切折磨,无论来自拒绝还是打击! 无论面对什么样的挫折,我都将保持冷静,并且勇往直前! 我们是什么团队?金牌销售团队! 我们是什么?狼牙! 对手为什么叫我们狼牙? 因为我们准!因为我们狠!因为我们不怕困难!因为我们要创造神话!

2.长期激励

大部分销售团队都在用短期激励的方法,进行长期激励的不多。以过往的销售管理经验来看,我个人比较喜欢短期激励和长期激励结合来用。长期激励的方法主要是文化激励,我认为短期激励是治标,文化激励是治本。文化激励包含使命感激励、高目标激励、见证成长激励、情感激励、向第三方借力激励等。

★使命感激励

前文中我们讲过，一个团队必须要有使命感，要用使命感驱动销售员行动起来。使命感是一种能量，是底层的力量，我们要不断地给销售员输入这种能量，一旦这种能量达到了一个点，员工的干劲就会非常充足。这个时候再加一些外界的刺激，员工的能量会被瞬间激发出来。

★高目标激励

一个团队必须要有自己的使命和目标，使命是能量，目标是方向和希望，有了目标大家才能看到希望。目标必须是伟大的、可以实现的，不能高不可攀，也不能很轻易地实现，而是要经过一番努力拼搏才可以实现。

在360搜索时，我们的团队目标是做所有销售团队中的第一名，做最幸福的销售团队。从大团队第一，到事业群第一，到集团第一，再到全行业第一，一个个的"第一"激励着我们所有人为之努力奋斗。有了终极目标，还需要有阶段性的重要目标，这个目标要有战略意义，要为终极目标服务。比如，我们制定单月破百单的目标就是为了共同完成一个具有代表性的事件，让大家享受到完成目标所带来的成就感，从而让大家更好地冲向终极目标。

★见证成长激励

见证成长激励指的是员工入职满一定的年限时，公司或者团队会给员工颁发一定的奖项，如满1周年颁发周年奖牌或周年纪念笔等。如阿里巴巴"1年香、3年醇、5年陈"的奖项，即对不同入职年限的员工给予不同的纪念奖项，既有仪式感，又能激励员工好好工作。

在360搜索销售团队时，我曾给所有入职满两年的销售员颁发过2

周年纪念奖,每人一枚周年纪念奖牌。这个奖牌虽然价钱不高,但心意满满,象征着我对大家的爱和感恩。我从收到这个奖项的小伙伴眼中看到了快乐与自豪,这样的珍贵眼神是我们特别想要的。

★情感激励

情感激励是一种感情投资激励法,每年做一两次就可以,效果非常好。情感激励有给员工写感恩表扬信、给员工父母津贴、奖励员工跟父母一起旅游等形式。

在360搜索销售团队时,我从组建销售团队开始,每年都会在临近春节假期的时候亲自给优秀的销售员写感恩表扬信。写信这种方式既可以表达公司对销售员的认可,也可以让员工的父母安心。

收到感恩表扬信的员工的父母都特别开心,我记得好几位销售伙伴都发了朋友圈,表示在新的一年里会加油干。果然,这些销售员在新的一年表现都十分优秀。

★向第三方借力激励

我把这种激励方法分为读书激励、看视频激励、演讲分享激励3种。

(1)读书激励。

很多销售经理不理解读书对销售的激励意义,总认为读书没什么用,我的切身感受告诉我,读书对激励销售员不仅有用,而且用处特别大。

在360搜索销售团队时,我们团队每天早上都会读《世界上最伟大的推销员》一书中的一章,每一章都有不同的主题,相当于每天清晨给销售伙伴注入一份能量,既可以让销售员打开自己,又可以让销售员充满正能量。我做过统计,2016年我们团队一起将这本书读了308

遍，相当于补充了 308 次能量，那一年我们团队也取得了不错的成绩。当然，也不能总读一本书，后来我们开始一起读稻盛和夫的《干法》《活法》以及其他知名作者的书，每次阅读都是一次心灵的升华，都能在灵魂深处注入能量。

（2）看视频激励。

作为团队管理者，我们可以去网上寻找一些励志的节目视频，然后选择性地让销售员观看，看完后一定要安排大家说和写观后感。这样既可以从感官上刺激销售员，也能让销售员从内心深处更加认可积极的理念，从而推动他们产生积极的行为。这个事一定要固定下来持续做，比如，我们团队当时是在周五晚上或周六早上看一个励志视频，大概每个月看 1~2 次。当时我们看得最多的是中央电视台的《开讲啦》，我选取了大家比较熟悉的一些企业家以及知名人物的专题，看完后让每个人说观后感，然后再落实到行动上。事后我做过一些回访沟通，大家感觉确实有所启发，尤其是当自己遇到难事的时候，想想那些名人也都是咬牙坚持过来的，大家会更容易坚持下来。

（3）演讲分享激励。

我们要帮助销售员寻找榜样，用榜样来激励他们。我们可以定期邀请公司内外的优秀销售员和销售冠军来给团队伙伴做分享，通过他们的故事来激励和影响团队伙伴。我在刚刚组建销售团队的时候，邀请过很多公司的销售冠军来做分享，事实证明效果真的很好。团队伙伴听完后都精神振奋，每个人都确定了自己的榜样，并努力向榜样看齐。

我虽然介绍了 29 种激励销售员的方法，但大家要记住，激励只是一种手段，我们不要忘记自己的初心。我们的出发点一定是帮助销售员成长，帮助销售员达成目标。借假修真，激励是假的，销售员的成长才是真的。

下篇

写给所有销售人的认知跃迁课

PART 5

7项修养:
从平庸之辈到
精英销售

销售员是修炼出来的

我一直坚持这样一个观点："销售员是修炼出来的",不排除有一些从业者确实有销售天赋,但根据我的经验,绝大多数销售员还没有到拼天赋的层次,更多的时候比拼的是综合能力。

天赋高的销售员如果加以正确的修炼方法,就有机会达到登峰造极的程度,比如那些我们耳熟能详的大师:美国销售大师博恩·崔西、"汽车销售之神"乔·吉拉德、房地产销售大亨汤姆·霍普金斯、日本"保险销售之神"原一平……

然而,能达到这种销售级别的人寥寥无几,全世界也就那么几个。不过别灰心,即便你没有销售天赋,仍然可以在业内做得风生水起。我身边潜质一般却做得风生水起的销售员大有人在,包括我自己。这是什么原因呢?关键在于后天的自我修炼。

从事销售工作之前,我是一个比较内向的人,内向到上学的时候老师在课堂上叫我回答问题,即便我知道答案,我的手也会发抖;我在地铁里接到女朋友的电话会不好意思说话,脸会发红……但我现在不仅可以在500人面前流利地演讲,还具备可以随时随地说服客户签单的本领,再也不会像过去那样内向、紧张。

身边还有很多人通过修炼取得了不错的业绩。我有一个同事,他以前是建筑行业的小工,转行做销售员的前半年一直没有什么成绩。但他从入职的第7个月开始爆发,一举签下了好几个大客户,从此人生像开了挂,业绩越来越好,还持续刷新了很多业绩纪录,成为公司的金牌销售。我问他用了什么方法或者秘诀,让他实现了人生大逆转,他的回答是"重在坚持、重在积累、重在修炼"。

有一本经典书叫《演员的自我修养》，深受演艺圈人士的喜爱，也是演员进修的必读书。看到这本书时我就在想，销售员有没有必须要修炼的功夫呢？带着这个问题我进行了思考，发现很多销售员会问："如何才能成为一名优秀的销售员？""优秀的销售员需要具备哪些素养？""如何修炼这些素养？"针对这些问题，我结合自己及身边同事的工作经历，总结提炼了销售员一定要修炼的7项内容。

7项内容

价值观　梦想　心态　习惯　专业度　情绪　坚持

修养·价值观

1. 什么是价值观？

职业生涯教育专家古典老师说："价值观就是不同事情在我们心中按照重要程度的排序，是我们判断对错和选择的内心标准。"在我个人看来，价值观就是要明白什么事情可以去做，什么事情不可以做。

我们团队创立之初，我就设定了团队的价值观：快乐、成长、赚钱。它代表了我个人的价值观，同时也是我对团队伙伴的期盼和要求。每个加入团队的人必须要学习并且践行这样的价值观，不然就需要离开团队。俗话说："道不同不相为谋"，只有团队中的所有人有共同的价值观，团队才能迸发出更大的能量。

快乐：要给团队成员营造快乐的氛围，让大家感受到快乐，而且是持续的快乐。快乐包括友善的快乐、成长的快乐、坚持的快乐、奉献的快乐、铁血的快乐等。

成长：分为认知成长、心态成长、技能成长。

赚钱：每天都很快乐，每天都在成长，只要坚持下来，一定可以赚到钱。

2. 为什么要修炼正确的价值观？

我通过观察业绩好的销售员发现，价值观清晰的销售员更容易成为业绩高手。

销售这一行，做久了会遇到瓶颈期和懈怠期，很多销售员无法跨过这道坎，但是业绩好的销售员通常能跨过，很重要的一个原因就是后者有清晰的价值观。

我们团队有一个销售员，一直保持很好的业绩，就是因为她的价值观中有一条是成就感，成就感对应的结果就是达成目标。她渴望达成目标时获得的成就感，这样的价值观驱动着她不断努力，一直创造好业绩。

调查显示，影响员工对工作满意度的最大因素并不是钱，而是员工价值观的实现程度。对于销售员来说，不同阶段的价值观也不一样，如果没有清晰的价值观，就会出现焦虑、自卑等情绪。

对于销售新人来说，刚开始工作的 3~6 个月，拿多少钱不是最重要的，最重要的是销售经验的增长，因为"成长"是这个阶段销售员应追求的价值观。但有相当一部分销售员不理解这一点，或者说对此不屑一顾，刚入职就只看重工资的多少，而忽视了成长的重要性。

修养·梦想

网上有句经典名言:"梦想还是要有的,万一实现了呢?"作为销售员,不仅要有远大的梦想,还要学会把梦想分解成一个一个的短期目标。只有短期的目标实现了,最终的梦想才能实现。

山田本一就是分解目标的高手,他是日本著名的马拉松运动员,曾获得过两次国际马拉松世界冠军。

他在自传中为大家揭开了两次夺得世界冠军的秘密,他是这么说的:"每次比赛之前,我都要乘车把比赛的线路仔细地看一遍,并把沿途比较醒目的标志画下来,比如,第一个标志是银行,第二个标志是一棵大树,第三个标志是一座红房子……这样一直画到赛程的终点。

"比赛开始后,我就以百米的速度奋力向第一个目标冲去,等到达第一个目标后,我又以同样的速度向第二个目标冲去。40多公里的赛程,就被我分解成了几个小目标,最后就轻松地跑完了。起初,我并不懂这样的道理,我把目标定在40多公里外终点线上的那面旗帜上,结果我跑到十几公里时就疲惫不堪了,我被前面那段遥远的路程给吓倒了。"

山田本一正是掌握了梦想的分步达成法,才取得了惊人的成绩。

作为销售员,我们该如何分解目标呢?比如,你的梦想是成为全行业的销售冠军,你就要把目标进行分解倒推。你的目标完成顺序应该是先做到团队的小组冠军,再做到部门冠军,然后做到全公司的总冠军,再努力做到行业小范围内的冠军,最后成为全行业的总冠军。这样分解下来,你就会更加有动力,也更加有干劲儿。只要达成每个阶段的目标,最终的目标就达成了。

好了，请你写下自己的梦想吧。不要害羞，哪怕只是买一款最新的 iPhone，它都反映了你最深的欲望，而欲望正是人类进步的原动力。

梦想

1. _____
2. _____
3. _____
4. _____
5. _____

修养·心态

心态直接影响销售员的签单结果，一个优秀的销售员一定是一个拥有好心态的人。如果你接受不了拒绝，那么还是不要做这一行了。

1. 从玻璃心到铁心

如果你是刚刚入职的销售新人，最开始打电话、见客户，一定很怕被客户拒绝，内心一定是比较脆弱的。不用慌张，这很正常，绝大部分销售员刚开始打电话时都害怕被拒绝。

我刚做互联网电话销售员的时候，拿起电话心情就特别矛盾，希望客户接听电话，又不希望客户接听电话，一方面希望对方是意向客户，另一方面又担心自己会卡壳，怕不知道怎么回答客户的问题。

我那会儿怕客户拒绝，怕客户说不需要，一天遭受几十次拒绝就痛苦到不行，觉得心都快碎了，真的是玻璃心。当时的经理告诉我，勇敢地去面对，不要怕被拒绝，被拒绝就是机会，被拒绝得越多，找到客户的机会越大。被拒绝 100 次，也许只有 1 次成交的机会，但如果被拒绝1000次,也许就会有20次以上的成交机会。

从那以后,我试着疯狂地打电话,每天的工作量都比别人多。就这样练习了半年,我从最初的玻璃心变成了铁心、钢心,再也不怕客户拒绝了。客户的拒绝对我来说已是家常便饭,我不会再因此而困扰。

2. 练就一万分的自信心

自信心是每个销售员必须要修炼的,自信心越强,签单就会越容易。自信心跟工作时间长短无关,跟自我成就感和别人对你的认可度有关。要学会随时增强自信,随时享受自信的感觉,哪怕是很小的一件事。

比如,你运用一个比较不错的开场白,吸引到了几个意向客户,你感到开心,自信心就会增强;你独立拜访了一个客户,而且成功签单,自信心会增强;你运用话术成功约见了一个客户,自信心会增强;你获得了新人冠军,自信心更会增强;你因为工作努力赢得了领导的赞美,自信心也会增强。你获得的成就越多,你越自信,越有利于加快签单的速度。

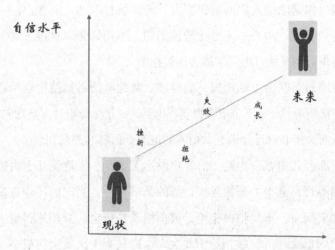

我经常跟我们团队的销售员说,我有一万分的自信,即使每天被拒绝 200 次,我还有 9800 分的自信,我依然可以继续自信地开发客户。大家要相信自己也有一万分的自信,你们可以经受住几百次甚至更多次的拒绝,因为你的自信心很强大,你的抗挫能力很强。

3. 利他的心

销售员很重要的一个成交原则就是利他原则。做事一定要有利他之心,不要自私自利,不要只考虑自己的利益而不考虑客户的利益。

大家一定见过这样的销售员,他们可以跟客户侃侃而谈,也可以跟客户称兄道弟,但他们做事只考虑自己的利益而不考虑客户的利益,这样的销售员最终的结果就是开单困难,不能赢得客户的信任,和客户总是合作一次就没有下文了。

还有一种销售员大家一定也见过,他们的口才也许不是最好的,但他们总能站在客户的角度考虑问题,会真正帮助客户解决问题,有一颗利他的心。这样的销售员成交的客户很多,而且客户都很喜欢他们,会为他们转介绍很多客户。这样的销售员业务干得有声有色,越干越轻松。

利他之心是优秀销售员必备的品质,也是赢得别人喜欢的重要法则。

请大家写下迄今为止带给你最大成就感的 5 件事。

1. _____
2. _____
3. _____
4. _____
5. _____

修养·习惯

习惯具有强大的力量。调查表明，人90%的日常活动源自习惯。也就是说，人的大多数日常活动都只是习惯。好习惯是优秀人士的共性，也是销售员必不可少的。

1. 不多不少，每天3件事

优秀销售人的工作效率都比较高，其中一个重要原因就是养成了好习惯。

刚开始做业务员的时候，我并没有每天早上做计划的习惯。有一天经理在早会上说，每个人每天都要写下当天要做的事，完成一件打一个钩，没有完成的晚上反思一下原因。经理说她自己一直在这样做，工作效率很高。她把笔记本拿给我们看，上面清楚地记录着当天要做的工作内容，每一件事都写得很清楚。

从那以后我就开始坚持写每日计划，一开始会写很多，后来通过看书、听课了解到，并不用写那么多任务，只需要找到最重要的3件事，并且将它们做好即可。如今这个习惯我已经坚持了3年多，工作也更加高效了。

我把这个方法加以改进之后传授给了团队的销售伙伴，并且要求他们坚持做。我将改进后的方法称为"九宫格工作法"，就是列出当日要做的9件事，并标出其中最重要的3件。这样一来，便可以清楚地知道当天重点要做哪些工作，要联系哪些意向客户，处理哪些重要的事情，同时，闲暇时间还可以处理一些不重要的事情。

晨跑	读书	听课
汇报	陌拜	跟进客户
培训	开会	复盘

2. 微信总结——养成每天做总结的习惯

孔子曰："吾日三省吾身。"作为销售员，每天都会面对很多状况，一定有值得总结与反省的事情。然而，如果每天独自做总结反省，估计90%的人都做不到。但如果有一群伙伴监督提醒，做总结的积极性就会大幅提高。

于是我发明了一种方法——微信总结，就是要求团队的伙伴每天在微信群里进行总结。当你看到其他伙伴已经发了当日的总结，你也会有意愿分享自己一天的得失，久而久之，就会养成每日做总结的习惯。

自从做总结以来，团队成员开始喜欢思考问题了，愿意开动脑筋去琢磨客户、琢磨一些事，大家的思路更加开阔了。

修养·专业度

销售员的专业度，决定客户对你的认可度和你成交客户的难度。

1. 学习产品知识

销售任何产品，首先都要对产品了如指掌，努力让自己成为产品专家，不然便没有办法赢得客户的信赖。

我之前就在这方面吃过亏。我曾经做过一段 SaaS 软件产品的渠道销售，那个产品相对比较复杂，不仅需要掌握产品特点，而且要会操作后台。一开始我没有把操作后台这件事放在心上，以为只要能讲解产品就行。结果我在接待一个客户时，操作的时候卡了壳，有几个功能忘记怎么操作了。

还好是在公司谈的客户，我可以迅速寻求同事帮助，不然就会很尴尬。最终在同事的帮助下，我成功拿下了这个客户。经过这件事，我意识到一定要把产品掌握到位，于是下定决心好好学习，在以后的销售过程中再也没有出现过类似情况。

2. 练习销售技能

大家往往对销售员有一种误解，认为能说会道、口才很好的人才可以做销售员，其实不然。当然，口才好绝对是优势，但并不是只有口才好的人才可以做好销售工作。只要掌握了一定的销售技能，人人都可以做出好业绩。

通过多年的观察，我发现大部分销售冠军的口才都很一般，不仅不健谈，还有点偏内向。这些销售冠军的技能，包括谈单、跟单、客户拜访、逼单等，都是经年累月刻意修炼得来的。

我在360搜索的时候，带领着5支销售团队，其中有个叫Carry的销售员，性格偏内向，不善言谈，但特别勤奋好学，舍得下功夫。通过大量练习销售技能，她不仅连续8个月蝉联部门销售冠军，还多次刷新单月订单的历史纪录。

3. 关注行业动态

销售员必须了解行业动态，关注与行业相关的一些微信公众号、网站、App 等，以获取最新的国家及行业资讯。同时，也要时刻关注行业的新闻，也许一条新闻资讯就能给你带来一笔巨大的收益。

我在做 App 客户端销售的时候，一个叫 Gavin 的同事就是因为第一时间在某新闻 App 上看到了关于某大公司的新闻，立刻向客户推荐了相关的服务，并在当天签下了一笔金额达 10 万元的大单。其实很多客户都愿意购买这项服务，但大部分销售员根本不知道，只能错失良机。互联网时代，拼的是获取资讯的速度和行动的速度，谁行动得快，谁就掌握了先机，永远是快鱼吃慢鱼。

修养·情绪

大量的心理学实验证明，情绪对人的记忆力、认知力、决策力都有影响。积极正面的情绪是保持良好精力的有效保障。

1. 每天都要微笑

微笑能减轻工作压力，是长寿的秘方，是情绪的润滑剂，能拉近人跟人之间的距离，更是签单的独家秘诀。销售届流传着这样一句话："常微笑的销售业绩多，爱笑的人运气不会差。"

经典畅销书《世界上最伟大的推销员》第十四章中说："只要我能笑，就永远不会贫穷。这也是天赋，我不再浪费它……要想享受成功，必须先有快乐，而笑声便是那伴娘。"

无论是在什么行业，业绩比较好的人一定是爱笑的。没有人喜欢看一张臭脸，客户更不喜欢看销售员的脸色。客户喜欢爱笑的销售员，喜欢能带来快乐的销售员。所以，想要好业绩，就一定要学会调整情绪，每天微笑。

2. 每天重启情绪

潮起潮落、冬去春来、夏末秋至、日出日落、月圆月缺……自然界万物都在循环变化中，我们也不例外。每个人的情绪不可能一直高涨，也不可能总是低迷，这是自然规律。

不管你今天遭遇到了什么样的挫折，也不管你今天遇到了什么样的客户，不管你今天的心情多么糟糕，都不要把情绪带到明天，一定要即时消化，当日情绪当日处理。

情绪就像是一个操作系统，每天早上都要重启。我们每天一醒来就要给自己满满的正能量，让自己开心快乐起来。我们都说"销售是情绪的传递"，只有自身保持良好的情绪，才能去积极地影响客户，搞定客户才会更容易。

下面是我发明的一个情绪记录与调节表（表5-1），大家可以用它将自己一天中不同时段的情绪变化记录下来，一旦出现消极情绪，便要使用一定的方法进行自我调节。每个人调节情绪的方法都不一样，可以根据情况自行设计。

表5-1 情绪记录与调节表

时间段	情绪表现	诱因	调节方法

修养·坚持

不管你是刚刚入门的销售员还是资历深厚的销售员，听得最多的应该就是"坚持"二字。比如，坚持跟进客户、坚持努力工作、坚持每天做总结、坚持销售原则、坚持完成任务等。确实，销售这份工作最需要的就是一种坚持的心态、一种坚韧不拔的精神，如果没有这种精神，肯定做不好销售工作。

大家可以看一下自己公司的同事，看一看身边的朋友，你会发现那些收入比较高、业绩比较出色的销售员绝大多数是资深销售员，而入职三五个月就能够持续稳定地产出好业绩的销售员少之又少。为什么工作时间久的销售员的业绩会相对比较好呢？这就是坚持的价值和意义所在。

坚持是一个积累的过程，每天积累一个意向客户，按照每周5天来算，一年下来至少可以积累260个意向客户，两年下来至少会积累520个意向客户，这是多么庞大的一个数字。入职半年拥有130个意向客户和入职两年拥有520个意向客户相比，一定是入职两年的销售员具有更大的优势。这520个意向客户还可以帮忙转介绍、转介绍的客户可以继续转介绍，依此类推，相当于入职两年的销售员至少拥有了1000个客户。如果能让这些客户都活跃起来，他们就会产生巨大的经济效应和影响力。

任何行业都是内行人赚外行人的钱，专家赚所有人的钱。内行其实指的就是行业高手，而成为内行乃至专家的关键一定是坚持。医院里的专家大部分是从业10年以上的，很多艺术家、歌唱家、演说家、音乐家、大作家也都是从业10年以上的。很多行业没有三五年甚至七八年的坚持，根本不会有巨大的爆发和突破。

也许你会说，目前做自媒体的一些红人只用了两三年就成功了，但你根本没有看到这些优秀的自媒体人之前在自己的工作领域已经深耕了多少年，从事自媒体的两三年只是前几年积累的爆发和回报。比如，罗辑思维创始人罗振宇、新精英生涯创始人古典老师的成功，都是长期坚持积累的结果。

在坚持做一件事或从事一份工作的过程中要有耐心，要学会延迟满足，不要急于求回报，要相信水滴石穿的道理。只要持之以恒，什么都可以做得到。

总之，优秀的销售员一定有好的修养。修养是内功，是向内求发展，它是销售员可以长期发展的根本，只有根扎结实了，外部才能枝繁叶茂。价值观是做事的判断标准，梦想是奋斗的目标，心态是达成目标的基础，习惯是做事的惯性，专业度是开发客户的基本功，情绪是做事的发动机，坚持是实现梦想的必需品。

仔细想一想，有什么事情是你打算一直坚持下去的，将它们写下来。

1. _____
2. _____
3. _____
4. _____
5. _____

PART 6

深度磨砺：
初级→资深→高手

差距管理：你与销售高手之间的差距在哪里？

1. 稳定的情绪带来稳定的业绩

2013 年我刚开始做 App 销售的时候，情绪控制能力很差，只要有一点不如意就会不开心。有一次上午 9 点 30 分，我拨通一家房地产销售公司老板的电话，刚刚说完"您好，我是北京 App 开发公司的金旺，想跟您谈一下移动互联网这方面的合作"，客户就说："不需要，不要再给我打电话了……"态度极其恶劣，还带着一些不礼貌的用词。我瞬间情绪低落，觉得这个工作好难做，根本没有心情继续开发客户了，缓了好一会儿，才敢继续打电话。一上午遇到好几个这样的客户，搞得我一整天心情不好，一天下来，一个意向客户也没有找到。

这样下去，不仅无法达成业绩目标，甚至有可能会被淘汰，我内心充满了危机感。于是我到处查找有关控制情绪的方法，有一天在一本书上看到这么一句话："凡事发生必然有利于我"，书中还讲述了作者本人关于这句话的亲身经历。从那以后我便把这句话奉为金句，只要遇到事情我就会这么想。再遇到打电话被拒绝的情况，我就会想，被拒绝也有好处，被拒绝的越多成交的机会就越多；遇到客户跟我抱怨的时候，虽会心烦，但很快就会调整好情绪，因为我坚信"凡事发生必然有利于我"。慢慢地我不再被客户的行为和情绪所左右，我的情绪好了之后，开发的客户情绪也变好了，好像一切都开始变得好起来。我开始签单，开始不断地收款，也开始得到部门经理的表扬和支持。

2. 完成每个目标都需要有充分的理由

2016 年 2 月，当时我在带领 360 搜索销售团队，我们团队提出了"3 月破百单"的目标，这个目标一提出来，就震惊了所有销售人员，大家都觉得这是一个不可能完成的任务。这个目标对于当时最厉害的团队来说也是一个巨大的挑战,更不用说我们这个成立不足 9 个月的新团队了。

虽然大家喊口号说相信可以达成,但内心深处有很多不确定,这一点我十分清楚。所以我务必要让大家 100% 地相信这个目标可以达成。如何才能让大家相信可以达成呢?一定要让大家明白为什么一定要达成这个目标,达成目标的理由到底是什么。

这个理由我可以直接告诉大家,也可以让大家自己说出来,但我思前想后,觉得后者的效果会更好,因为人更加相信自己说的话,自己说服自己是最好的方法。于是我们在开会的时候,不断地让每个人说为什么要破百单,破百单有什么样的好处。

有人说是为了让团队走得更高、更远;

有人说是为了有一个荣誉光环;

有人说是可以获得领导的青睐和赞赏,争取到更多的资源;

有人说是可以提升士气、提升氛围,帮助大家更好地开单;

还有人说是为了创造一个奇迹,让我们团队永远被公司记住、被业内记住;

……

众说纷纭,但大家都说出了破百单的好处和理由,而且这个理由都是发自肺腑的。这也意味着大家在内心深处开始说服自己要努力奔着目标前进。最后,在大家的共同努力下,我们团队在 3 月完成了 104 单,超额达成目标,刷新了行业的历史纪录。

销售团队达成目标需要理由,销售个人达成目标更需要理由。如果你是销售人员,请针对近期目标列出几点要达成的理由。

1. _____
2. _____
3. _____
4. _____
5. _____

3. 只要达成每天的目标，终极目标就可以达成

2018年3月下半月，当时我还在带领360搜索销售团队，当月的业绩进展有点慢，于是我召集大家开会，把团队的业绩重新进行了分解，把月目标分解成了日目标，然后把日目标落实到每一个人的身上。

每天"三会"时我都会重复确认团队的日均任务和剩余任务。每天早上确认当天的目标是多少；中午确认上午已经完成的目标，同时确定下午需要完成的目标；晚上总结一天的目标完成情况。如果当天的团队目标还没有达成，我们就继续加班。个人日目标达成的，继续留在公司查资料或者冲刺业绩；没有达成的，必须继续打电话联系客户。

在这样的标准和要求下，前两天效果不明显，到了第三天效果就上来了，每天的收款订单量开始持续增加。就这样，我们在月底不仅顺利完成目标，还超额完成了任务。

下面是我设计的一个每月业绩拆解表（表6-1），在督促团队完成目标任务的过程中可以起到很好的辅助作用。

表6-1 每月业绩拆解表（总目标业绩30万，货币单位：元）

项目	时间			
	第1周	第2周	第3周	第4周
业绩目标	10万	10万	5万	5万
完成率	50%（10万 × 50%=5万）	60%（15万 × 60%=9万）	80%（11万 × 80%=8.8万）	144%（5万 × 144%=7.2万）
业绩差额	5万	15万 −9万 =6万	11万 −8.8万 = 2.2万	无
下周待完成业绩	10万 +5万 =15万	5万 +6万 =11万	5万 +2.2万 = 7.2万	无
待完成总业绩	30万 −5万 =25万	25万 −9万 =16万	16万 −8.8万 = 7.2万	无
剩余工作日	15天	10天	5天	无
日均业绩指标	25万 ÷15天 = 1.67万	16万 ÷10天 = 1.6万	7.2万 ÷5天 = 1.44万	无

每月业绩拆解表是按照个人习惯将业绩平均分配到每一周。为了完成任务，我习惯在前期施压，因为前两周设定并完成一个相对较大的业绩目标，后期就会轻松一些。

以第一周为例，预期完成10万元的业绩目标，实际完成率为50%，那么业绩差额就是5万元，累计到第二周的业绩目标，就变成了15万元。也就是说，第二周的任务更重了，这样自己会被逼得更加努力。

"待完成总业绩"这一栏,是为了将任务量拆解到每一天。比如,第一周完成了 5 万元,那么距总任务量还差 25 万元,剩余 15 个工作日,平均到每一天就需要完成 1.67 万元的任务。通过任务拆解的方式,可以减轻压力。试想一下,当你想到第二周还有 15 万元的任务时,一定会压力很大,你可能会去找一些大客户,但是难度可想而知,而且你会忽视一些小单子。如果平均到每一天,你便只有 1.67 万元的任务,你可能会去找一些小单子,这样完成起来就会很轻松。

每周循环,直到第四周,你会发现还有 7.2 万元的业绩没有完成。只剩下 5 天了,那么突击一下,每天完成 1.44 万元就可以了。第四周的目标业绩是 5 万元,而你完成了 7.2 万元,所以完成率是 144%,也就是说,这一周你超额完成了任务。

如果你最终没有完成任务,那么任务会顺延至下一周。

4. 要达成目标,行动是关键

2013 年我刚开始做互联网销售员的时候,主要是销售 App 客户端开发服务。公司要求早上 9 点上班,下午 6 点下班,但大部分销售员是在晚上 7 点左右下班,而我基本每天晚上 9 点左右才下班,有时候甚至加班到晚上 11 点。

有一天晚上,我为了能跟上海一个做户外广告的客户进行进一步沟通,在公司等他到晚上 10 点,我们又电话沟通了一个小时,结束的时候都晚上 11 点多了。最后客户决定第二天签合同,果然,第二天下午我们就完成了签约付款。

当时我们公司的午休时间是中午 12 点到下午 1 点半,吃完午餐,其他同事都会趴在桌子上眯一会儿,而我从没有享受过这样的休息。我当时是这样想的:"我一定要做公司的销售冠军,而我现在仅是新人,我要先从新人里脱颖而出,然后冲刺公司的销售冠军。"当时我能想到的办法只有一个,那就是在工作上付出比别人更多的时间,所以我不能放掉任何一点可以利用的时间。

除了大量查找客户资料,我每天的工作量也很大,基本是别人的2倍以上。大部分销售员每天的打电话时间是一个半小时,而我几乎在3个小时以上,而且都是有效沟通,没有任何的弄虚作假。

我做销售员的那段时间里,白天拼命地打电话查资料,晚上继续打电话查资料,周六主动加班,周末继续查资料。

正是这样的努力,让我在入职第一个月获得了新人销售冠军,也叫新人王;在入职的第4个月打破了公司的销售业绩纪录。公司奖励给我一台当时非常流行的iPad mini,我获得了老板的高度认可。经理跟我说,我被老板选为公司重点培养的销售员,我心里特别开心。在我入职第7个月的时候,我被破格提拔为销售经理,开始走上我的销售管理之路。

销售高手与普通销售员往往不是差在先天条件上,更多的是差在后天的努力上。俗话说:"勤能补拙""天道酬勤",无论你现在是什么样的现状,只要你加倍努力,在工作和生活上一定会有起色。

平时我习惯使用"每日工作流程表"(表6–2),它可以让我更清楚每个时间段需要做什么事,从而提升我的行动力。

表6-2 每日工作流程表

时间	具体任务	完成情况	未完成原因	备注
6:00-7:00	搜索客户资料	√		1.××商贸公司 2.××科技公司 3.××教育公司

续表

时间	具体任务	完成情况	未完成原因	备注
7：00-8：00	给客户发信息	×	发送了5条信息,被拉去开会了	
8：30-8：45	事业部大早会	√		
8：45-8：55	读书(《羊皮卷》)	√		
8：55-9：15	当日目标及客户案例分享	√		1. 目标a 2. 目标b 3. 目标c
9：20-12：00	客户开发、跟进	√		
13：00-13：30	搜索客户资料	√		
13：30-14：00	业绩复盘、团队活动	√		
14：00-19：30	客户开发、跟进	√		
19：30-20：30	总结复盘/学习培训/案例分享	×	开会	
20：30-22：00	跟进意向客户/搜索客户资料	√		
23：00-24：00	搜索客户资料	√		

我每天起得比较早,起来第一件事就是填写"每日工作流程表",将一天中的具体任务细分到每一个时间段,并记录完成情况、未完成原因、备注等。例如,我在早上6点会进行第一轮客户资料的搜索,然后将潜在客户名单写在备注栏中,方便当日跟进。

我建议大家把未完成任务的原因记录下来。有些时候我们会被各种琐事干扰，记录下干扰事件，以后就可以有效避免同样的问题。

试错力：销售就是一个不断犯错、不断成长的过程

阿里巴巴创始人马云在一次演讲中说："成功的原因有很多，每个人各不相同，但失败的理由都差不多。"事实也证明，研究失败的经验确实更具有价值。

销售员每天都会接触大量的客户，每天都会处理各种各样的突发事件，在这个过程中难免会出现差错。出现差错不可怕，可怕的是连续出现差错。如果不能及时总结，就会陷入失败循环，甚至自我怀疑。出现一个差错可能就会错过一些大客户，因此当出现问题的时候，一定要养成及时记录的习惯，空闲的时候立刻复盘。

为此我设计了一个简单的"差错记录表"（表6-3），用它把具体的错误记录下来，有时间的时候进行复盘，记录潜在的原因，以及事后如何跟进。

表6-3 差错记录表

错误描述	错误分析	如何跟进
跟意向客户电话沟通时被挂断	可能是推销的意愿过于强烈，导致客户不耐烦挂断电话	隔一天发邮件、短信道歉，如果客户有意向再约电话沟通时间

1. 没有谁天生就有勇气，勇气也得靠磨炼

2014年我带App销售团队的时候，团队里有一个销售员叫Jack，

他工作很努力，也很负责，每次跟客户打电话都能聊很久，但就是不敢逼单，并因此损失过一笔30万元的大额订单。

客户是湖南长沙做建筑设备的，Jack跟进了大概1个月，聊得也不错，但客户很犹豫，就是下不了决定，可Jack也不敢逼单。虽然隔三岔五打电话，但不能彻底让客户下定合作的决心。Jack以为这个客户没希望，就放弃跟进了，就在他放弃跟进的第2个月，这个客户跟公司的另外一个销售员签单了，而且是超大金额订单。Jack知道这个消息后特别后悔，后悔当初没有狠狠逼单。

有了这次教训之后，Jack跟进客户就大胆了，坚持跟进客户、坚持逼单、坚持趁热打铁。一个月后，他用自己的实际行动重新签了一笔30万元的订单，客户是江西南昌开家具城的。在跟进这个客户的时候，Jack没有再犯上一次的错误，而是果断地逼单收款。

2. 一定要让客户记住你的名字

我刚开始做互联网销售的时候，联系到一个在深圳开旅行社的客户，跟她打了好几次电话，每次聊得还不错，但客户就是不打算合作，于是我就没有再跟进。在沟通的过程中我除了第一次认真地说了自己的名字，其他的时候都没有特意强调。过了大概1个月，我再次给她打电话，她说已经跟别人合作了，我问她为什么没有选择跟我合作，她说："别人联系我的时候我想到你了，但忘记你的名字了，也找不到你的电话，所以就跟你们公司的其他销售员合作了。"

虽然客户表示抱歉，但已经没有用了。这种情况下，责任完全不在客户，作为销售员，连基础信息都没能给到客户，还何谈成交？

吸取了那次的教训，以后只要联系客户，我一定会反复强调自己的名字，且第一件事就是要让客户记住我。

3. 50%的销售员都忽略了签合同的两大细节

签合同是成交订单非常重要的一环，如果把握不好，就有可能前功尽弃。在多年的销售管理过程中，我发现有 50% 的销售员都会忽略下面这两个细节。

★ 只签合同不收款

销售员非常容易犯的错误之一就是只顾着跟客户签合同而不催款。在 360 搜索事业部时，我们团队的销售员 Robin 就是犯这类错误的典型代表。他每个月会签下十来个客户，其中有一半最后都没有付款。他每次都将精力放在逼着客户签合同上，但不敢要求客户付款。

客户会给出各种各样的理由不打款，例如，"等忙完这几天，一定给你付款""你先回去，过两天给你安排款项""我这几天资金比较紧张，过几天再给你安排""我最近在出差，等回去给你安排""我已经安排财务付款了，这几天财务不在公司，等他回来给你付款"，等等。

Robin 见识了很多客户的不诚信，很受打击，乃至觉得自己不能胜任销售这份工作。虽然我也跟他讲了很多销售的案例，对他影响很大，但我感觉还是不能从根本上解决他的问题。我也知道，要解决这个问题，还得靠他自己，经历多了自然就解决了。

有一天他去见了一个做销售管理培训的客户，客户很健谈、很有亲和力，跟 Robin 讲了很多关于销售的铁律，其中一条就是关于签合同收款的。客户说："销售是以结果论英雄，这里的结果不是比谁签的合同多，也不是比谁的收款多，而是比谁能帮助更多的客户获取更多的成功。要做到这些，就得狠狠地要求客户跟你合作，给你付款，不然你永远无法成为优秀的销售冠军。"

Robin 听了以后很震撼，仿佛醍醐灌顶一般。从那以后，他在谈单

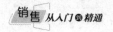

时变得狠了起来,再也没有出现签了一大堆合同而不收款的情况。3个月以后,他拿下了部门的销售冠军。

★签合同的时候要闭嘴

所谓言多必失,这一条铁律在签合同的时候特别准,所以我建议,在跟客户签订合同的时候千万不要多讲话,否则容易把订单丢掉。

在360搜索事业部时,我们团队有一个刚入职的销售员,叫Jim,他就犯过这样的错误。前面聊得都不错,客户也决定签合同了。但由于过于兴奋,Jim有点得意忘形,开始跟客户聊东聊西。客户只顾着跟他讲话,却顾不上签合同,又提出了很多新的问题,然而Jim又不会解答,最终的结果是客户并没有签合同,还把Jim送出了公司。

最后我跟Jim又去了一趟客户的公司,帮助客户解决了他关心的问题,现场签单收款。虽然签单了,但前后耽误了1周左右的时间。本来可以直接拿下的客户,又多花了1周的时间和精力才搞定,实在是划不来。所以,如果客户已经决定签合同了,销售员就不要再多讲话了。

销售就是一个不断试错、不断成长的过程。销售是一门实践技能,关键还得靠练。别人讲得再好,你听得再有道理,如果没有实际经历,也很难转化为自己的本事。

4. 试错力训练

这部分内容是我设计的试错力训练,实际上就是销售员的自我磨炼。无论你是菜鸟还是资深销售,都可能存在短板。自己的问题,自己最清楚,将你最害怕、最不擅长的问题列出来,然后尝试解决。

人有一个特点,就是喜欢做擅长的事,然而要成为优秀的销售员,就需要培养各方面的素质。

例如,你性格内向,不敢与人沟通,就每天逼自己结识一个陌生人;

你表达能力差，就在团队总结时第一个发言……别害怕出丑，如果有人愿意跟你聊，愿意听你讲，说明你还有机会，而机会就意味着成长，意味着未来的收入。

在下面这张表格中（表6-4），第一步，将你做销售这一行最大的劣势写出来，如胆子小，不敢跟陌生人讲话；第二步，针对这一劣势，列出你在工作中最需要解决的问题，例如，打电话时不敢说话，声音很小，导致电话直接被挂断，甚至被客户骂；第三步，针对这一情况，写出3个解决方法并付诸行动。

记住，行动是最关键的，而且一定要坚持。如不敢说话这个问题，锻炼到跟平时说话做事一样时，就可以继续攻破下一个劣势了。

表6-4 试错力训练计划表

个人劣势分析	目前最需要解决的问题	解决方法
		1.
		2.
		3.
		1.
		2.
		3.
		1.
		2.
		3.

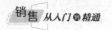

情绪管理:顺风顺水?不存在的,销售低潮期情绪管控技巧

在我的销售生涯中,我经历过一次非常严重的业绩低潮期,这个低潮期差点让我失去对销售这份工作的信心和勇气。

2013年9月,我在做App客户端的销售工作,刚刚刷新了销售业绩纪录,情绪正是最高涨的时候,没想到在10月上天就给我了当头一棒。我还是一如既往地开发客户,也找到了不少意向客户,但客户总是因为这样或者那样的原因不与我成交。10月很快就过去了3周,按照以往的业绩表现,我的业绩至少也完成百分之六七十了,但当时我的业绩还是零。我到底是怎么了?怎么会不开单?是不是我这个月的运气不好?心里产生了各种各样不好的念头,情绪也一度降到了谷底。

就在我彷徨失措的时候,销售总监Aimee让我到会议室谈话。我怀着忐忑的心情来到会议室,以为会被骂一顿,但Aimee不仅没有批评我,反而给了我很多鼓励和安慰。她跟我说:"金旺,不要着急,耐下心来,我知道你上个月签的大单很多,你肯定在想签大单,但是眼下破零是关键。先不要考虑单子大小的问题,只要把零破了,你的业绩就会好起来的。相信我,我们都是这么过来的,你这点事根本不算什么,把心态调整好,一切都会好起来的。"

我永远不会忘记那次谈话,Aimee的一番话给了我很大的信心和勇气,我的心情瞬间好了很多。就在谈话后的第二天,我就成交了一个小单子,金额小到客户找过来时我都嫌麻烦。不过无论单子大小,先开单再说。最后那一周,我连续签了四五单,金额都不大,但是我的自信心又回来了,情绪开始好转。我心想,原来自己能力还可以。

从那以后，我开始特别在意自己的情绪，因为它直接影响我的业绩。我开始学习情绪管理，不断摸索改善情绪的有效方法。

在销售这个行业，不管你的能力有多强、人脉有多广，你一定会经历业绩的低潮期。而处于这个阶段的你通常会有下面的想法或感受。

我很差；

我干不好销售；

领导不喜欢我；

客户不喜欢我；

同事不喜欢我；

公司在折磨我；

我的运气好差；

签单好难；

……

业绩低潮期其实就是情绪低潮期，如果可以控制好情绪，就可以控制住业绩下滑的状态、控制住事态的恶性发展。通过对这些年经验的总结，我摸索出一套快速走出情绪低潮期的方法。

1. 有效聊天 > 闲聊 > 一个人憋着

我们团队有一个"95后"，叫 Linda，是团队的销售骨干。她每次情绪低落的时候总会主动找我沟通。她跟我说："经理，每次跟你聊过以后，心情都会豁然开朗，感觉一下子所有的问题都解决了。"

Linda 是一个聪明人，我意识到她不仅是找我抒解情绪，更重要的是拓展思路。她会把遇到的问题一股脑说出来，我在安慰她的同时，也会分享自己的经验。

后来我总结出一个方法，如果因为业绩不好而导致情绪焦虑、消沉，一定要找人聊天，以有效聊天为前提。也就是说，要找对你解决问题有帮助的人聊天，如你的领导、行业前辈、有经验的同事等；如果找不到，闲聊也要聊，找朋友喝一杯，发发牢骚，找亲人诉诉苦，这些方法都可以化解你的消极情绪。记住，就像永远不要独自用餐一样，永远不要把情绪憋在心里。

2. 为每一次胜利喝彩

作为销售员，我们很多时候不开心是因为没有签大单或者没有签单。如果我们每天只有签单才开心，那么一个月能开心几次？难道没签单的日子都要愁眉苦脸？

我们要为每一次微不足道的胜利喝彩，比如，开发了一个高意向客户，帮助同事搞定了一个难缠的客户，学习了一项新技能，写了一篇好文章……这些小事都是值得为自己喝彩的。

这就像是完成业绩目标，假如你的年度业绩目标是100万元，你不能只在年底完成100万元的时候才开心，在完成5万元、10万元、20万元时，都得开心。因为只有取得阶段性的胜利，才会有全范围的胜利。

3. 跑步

希腊奥林匹亚阿尔菲斯河岸的岩壁上刻着一段格言："如果你想聪明，跑步吧；如果你想强壮，跑步吧；如果你想健康，跑步吧。"

我想再加上一句："如果你想情绪变好，跑步吧。"人在快乐的时候，大脑会释放内啡肽，而跑步会加速内啡肽的分泌。我每次情绪不好的时候都会去跑步，跑完三五公里，心情会好很多，情绪一下子就好起来了。

这是一个非常简单实用的方法，你只要愿意尝试，即刻就会收到效果。

4. 亲近大自然

我经常去北京的西山国家森林公园，那里森林茂密、空气清新，置身其中会有一种心旷神怡的感觉，心里的烦闷事都会烟消云散，心情瞬间就变好了。置身大自然，我们就会感觉到个体的渺小，我们的烦恼在大自然面前变得微乎其微。

5. 听自己喜欢的歌

我每次心情不好的时候，都会在回家的地铁上反复听自己喜欢的歌，听完后心情确实会好很多。如果是在家，我就会打开音响播放自己爱听的歌，并跟着一起大声唱，这是一种很有效的发泄情绪的方法。但要注意，一定要选择欢快且朗朗上口的歌曲。

6. 视觉化心理暗示

我在360搜索的时候，我们团队的冠军销售Milly有一天突然找到我，说："经理，你帮我写一句话吧。"我很惊讶地问她："写什么话？干吗用？"她回答说："我们每天早上读的"羊皮卷"，上面不是说要学会控制情绪吗？但我总不能控制自己的情绪，想让你给我写一句话，我放到工牌里，时刻提醒自己。"我开玩笑地说："我写的话有用吗？"她说："当然有用,你写的话比我自己写的更有影响力。"于是我就给她写了一句话："Milly，你要时刻控制情绪。"

有一天我微笑着问她："我感觉你最近的情绪状态不错，是工牌上的字发挥了作用吗？"她说："是的。"其实这就是一种是视觉化的心理暗示。也许看起来有些幼稚，但实际上的确有效。

没有人可以一直顺风顺水，优秀的人之所以优秀，是因为他扛过了人生低谷期。当我们处在低潮期的时候，放平心态，去接受、去改变、去行动，一切困难都会过去。

每个人都有适合自己的情绪管理方法，请你将适合自己的几个方法写下来吧。

1. _____
2. _____
3. _____
4. _____
5. _____

销售"军规"：不想被淘汰，就必须牢记的"铁血军规"

国有国法，家有家规，每个岗位都有自己的岗位规则，销售这份工作也不例外。

我父亲过去是一名军人，在那个年代，军队上传输信息主要靠电报，我父亲就是一名无线电报员。电报员除了要遵循部队的军规外，还要遵从部队通信连的军规。父亲跟我说："要成为一名优秀的电报员，就必须超级勤奋，如果做不到这点，你很快就会被淘汰。"

其实不仅仅是在部队上，在职场中也是如此。如果我们不能遵从岗位规则，就无法取得很好的成绩。

我对100位以上的销售冠军进行过研究，总结提炼了5条销售成长黄金法则，每一条都是实战经验总结出来的，我把它命名为"销售冠军的5条'军规'"。

了解这些军规既可以少走弯路，也能够在工作中更加得心应手，摆脱犹豫徘徊。

> **销售冠军的5条"军规"**
>
> 善于思考　　　　　　　　永不独行
> 高投入、高压力、高回报　　坚持到底
> 选对领导

1. 善于思考

销售这份工作虽然进入门槛比较低,但也并不是每个人都可以做好的。优秀的销售员都具备哪些核心条件呢?

阿里巴巴集团创始人之一彭蕾分享过阿里巴巴的人才观:聪明、皮实、乐观、自省。我个人认为一个优秀的销售员至少要具备其中3项,尤其是第一点,否则很难成功。

2015年我在带领360搜索销售团队时,带过一个叫Kim的销售员,他工作很努力,但业绩就是不好。他很皮实,面对客户无数次的拒绝,他都可以扛得住,也比较乐观,相信自己可以做好销售工作。但Kim就是不爱动脑子,面对客户的问题,他不能灵活地应对,总是按照领导教给他的话术应答,导致很多订单都没谈下来。Kim还有一个大问题,就是不懂得总结反思,在谈单的时候犯了很多低级错误,不知道改正、总结,下一次还会再犯同样的错误。后来Kim没有通过试用期,被公司淘汰了。

2. 高投入、高压力、高回报

我从从事销售工作到现在,基本没有在天还亮着的时候下过班,周六休息的天数屈指可数,旺季冲业绩的时候,甚至7天连轴转。当然,也有很幸福开心的时候,辛辛苦苦忙了一个月,下个月发薪水的时候还是很开心的,拿到几万元甚至十几万元的收入,瞬间觉得所有的痛

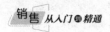

苦和汗水都值得。

销售是高投入、高压力、高回报的工作。高投入指的是，要做好销售工作，就必须投入大量的时间和精力，很多互联网公司的销售工作都是"996"工作制。

而高压力指的是无论是电话销售、地推销售还是渠道销售，都有业绩任务考核。如果不能达成月度、季度考核，随时有可能被淘汰。如果你的业务做得好，那么等待你的则是更高的业绩任务。所以说，做这一行压力是持续不断的。

高回报指的是既然投入了大量的时间和精力，又承担了很大的业绩任务压力，只要抗住了，就必然会有高回报。做销售，一个月便可以赚别人一年的钱。比如，在360搜索事业部时，我们大团队的销售员Frank，签了北京一个做在线教育的大客户，一个月就赚了20万元，相当于很多上班族一年的工资收入了。

3. 选对直属领导

我个人是这方面的受益者，我在2013年刚加入互联网行业的时候，就遇到了我的第一任经理——王经理。她是一个特别好的销售经理，带我走进了互联网行业，教会了我很多东西。我能在销售这个行业里持续发展，很感谢她对我的教导和付出。

作为销售员，不管你有多优秀，要想发光发亮，都需要你的直属领导发现和认可你的价值。俗话说，"千里马常有，而伯乐不常有"，你要花心思吸引寻找你的伯乐，如果遇到了，就一定要倍加珍惜。

优秀的直属领导其实在某种程度上就是你的老师、你的教练，"教练的级别决定了选手的表现"。既然直属领导这么重要，那么优秀的直属销售领导到底需要具备什么样的能力呢？

我认为优秀的销售领导需要具备硬技能和软实力。简单来说，硬技能指的是有一线销售的实战经验，必须有过硬的销售能力；软技能包括自律、积极乐观、包容、乐于分享、善于学习、领导力强等。

4. 永远记住，你不是一个人在奋斗

销售是团队的合作，不需要个人英雄主义，单打独斗可能会让你丢掉很多机会。你一定要清楚，你不可能独自搞定所有的客户，总有一些客户是你无法搞定的，你一定会需要团队伙伴的帮助。

我很擅长跟男性客户打交道，但遇到女性客户时就时常搞不定。这个时候我就会找我们团队的 Jin 来帮我跟进，他非常善于跟女性客户打交道，不管客户有多难缠，他都有办法搞定，我们戏称他为"女客户杀手"。同样的道理，Jin 在面对一些男性客户时，也会来找我帮忙。在我们团队，每个人都有擅长攻克的客户类型，有的专攻女性客户，有的专攻男性客户，有的专攻霸道总裁，我们彼此配合，互相帮助。

我发现，有一些团队的业绩总是上不来，很重要的一个原因就是不懂得团队合作，这样怎么会有好的结果呢？当然，这也取决于团队的开放性，如果团队很封闭，那么我劝你赶紧换一个团队。

5. 坚持到最后的才是赢家

销售是一项特别需要坚持的工作，这个坚持体现在两方面。一方面是你在跟进客户的时候要坚持，另一方面是当你面临业绩压力的时候也要坚持，不能工作三五个月就不干了。

2018 年的时候，公司出现了一位单月收入过百万元的销售冠军，所有人都对他充满了羡慕之情。这位销售冠军跟进了这个签订大金额订单的客户将近 1 年的时间，在这段时间里公司有不下 20 个销售员跟进过这个客户，而且个个都是开单高手，但最终这位客户还是被这位销售冠军

给拿下了。客户选择跟他合作的原因有很多,但最为重要的一条是他的坚持。

很多销售员只是跟客户简单地谈了谈,觉得不好搞定就放弃了。而这位销售冠军一直跟进,不断地跟客户谈、不断地交流。正是这份坚持,让他最终收获满满。

没有任何一份工作一开始就能给你带来很高的收入,都需要积累和坚持。以我多年的销售经验来看,收入很高的销售员都是资深销售员,都是工作了两三年、三五年,甚至更久的销售员,很少有工作半年就可以赚到很多钱的,如果有,那也仅是个别案例。

PART 7

跃迁之路:

从新人到销售冠军,

这些事越早知道越好

销售思维：年轻人为什么一定要做销售？

为什么要做销售？首先要弄清楚销售是一份什么样的工作。

我以前是个比较内向的人，而销售改变了我的人生轨迹。

我正式做销售应该是在2012年3月，那个时候刚刚大学毕业，还有一股天不怕地不怕的冲劲。为了能够快速积累财富，我找到大学宿舍的两个铁哥们儿，合伙做起了大学生文化衫定制的生意。我们开了一个样板店，但它只是用来做展示的，订单还得靠外出跑业务。

起初我们不知道如何高效地开发客户，就到大学里找社团谈赞助合作，希望通过赞助社团的形式打广告，让更多的人知道我们。第一次是赞助书法社的活动，第二次是策划了一场文化衫秀，两次赞助活动下来花了不少钱，却一个订单也没收到。于是我们就想，干脆不要再谈这种赞助合作了，直接找社团谈文化衫定制。自此，我算是正式开始了销售生涯。

我跟合伙人老孔跑遍了北京的大学，头一天晚上我们计划好第二天要去的大学，然后按照片区重点开发。首先开发的是北京师范大学附近的区域，如中央民族大学、中央财经大学、北京师范大学、北京邮电大学、北京交通大学等。我们进入大学后直奔校园文化宣传栏，在宣传栏上找到学生会或者社团的相关联系方式，然后再间接地去找负责人，一般是社团或者学生会外联部的部长负责对外沟通以及采购。

我们联系社团负责人后，通过谈项目赞助的方式把他们外联部的同学邀请出来，然后再谈文化衫定制。我们跟校学生会、院学生会、社团联合会以及一些人数较多的大社团都做过沟通，通过这种方式快速地打开了局面。第一个订单来自中国青年政治学院，当时负责文化衫定制的是他们学生会外联部的胡同学。北京这些高校的校园一般都很大,一个学校走下来得两个小时,再加上路上的时间以及电话邀约面谈的时间,一天能跑三四所大学。如果那个时候有微信运动,估计我和老孔每天都能名列前三。

就是那段时间的陌生拜访,让我更加自信,也让我学会了如何更好地跟别人打交道,如何跟别人建立信任感,这些也是我通过不断的陌生拜访总结出来的。对于年轻人而言,销售这份工作非常打磨人。

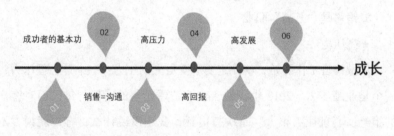

1. 销售是成功人士的基本功

很多知名企业家乃至政治家都做过销售工作,连续 15 年蝉联华人首富的李嘉诚、日本"经营之神"松下幸之助、中国"经营之神"王永庆等都是从销售员起步的。美国第 35 任总统约翰·肯尼迪、美国黑人民权运动领袖马丁·路德·金、印度著名民族领袖甘地等伟大领袖也都从事过销售工作。

社会上流传着一种说法:老板要么是销售出身,要么是财务出身。这不是胡乱说的,惠普前全球副总裁、中国区总裁孙振耀先生曾在退休感言中提到,500 强的 CEO 中,销售出身的最多,其次就是财务出身的。两者加起来超过了 95%。

为什么呢?也好理解,销售就是跟人打交道,说白了就是关系;财务则是从数字层面了解生意的本质,一个生意是否赚钱,是否可行,都是算出来的。

2. 销售是沟通，领袖人物都是沟通高手

位于美国人民评选的 20 世纪最受尊敬人物榜单之首的特蕾莎修女，一生都在向世人销售关爱人类、关爱贫民的一种理念。约翰·肯尼迪在登月计划演讲中向人们销售要把人类送上月球的观点。

如果你想成为某个领域的领袖，就要不断地提高自己的销售能力。销售能力就是沟通能力，正是这种能力造就了伟大的领袖。

3. 销售是"三高"职业

★高压力

从做销售工作开始，就注定要承受更大的压力：一个是心理压力，一个是业绩压力。2013 年我做 App 客户端销售的时候，每天面对客户的拒绝，心理压力很大。每次打电话，我还没说什么，客户就说"不需要"，每天都要承受 200 次以上的拒绝。最开始的一周真的很不适应，总觉得自己可能不适合做电话销售。多亏了我们经理的及时疏导，我才坚持了下来。

对于销售人员来说，每个月都要被重新分配任务，相当于每个月都是新的开始。2013 年年底，我们团队的目标是冲击年度销售冠军团队，并且刷新业绩纪录。因为我是团队的骨干，经理给我分配了很高的业绩任务，好像是 20 万元。20 万元业绩是什么概念呢？相当于一个成立半年的团队一个月的业绩总和。我们团队的每个人都扛了很高的业绩任务，大家就是在这样的高压之下，于腊月二十五完成了单月破 80 万元的销售业绩，刷新了销售团队的历史纪录，拿到了年度销售冠军的荣誉称号。

★高回报

销售员1个月可以赚别人1年的收入,优秀的销售员一年可以赚别人5年、10年的收入。我在360搜索做互联网广告业务的时候,1年收入超过100万元的销售员有数十人,年收入在20万元以上的销售员超过了20%。公司每个月的销售总冠军月收入都在10万元以上。一个加入公司10年的老销售员,有一个月税后收入拿到了21万元,让所有人羡慕不已。这样高的收入除了大公司的高管和老板,以及少数高端人才外,绝大部分工作岗位是无法实现的,而销售这份工作给了普通人这种高回报的可能性。

★高发展

销售人员不仅压力大、回报高,发展机会也是比较多的。从大范围来看,销售人员未来可以做如下几个选择。

选择的比较多的首先是创业做老板。我以前的很多领导如今都在创业,干得风生水起。销售出身的人去创业,成功率要比其他岗位的高很多,毕竟有多年的客户积累和人脉,运作起来相对要容易一些。

其次是走职业经理人路线,晋升做公司高管。我在360搜索时,当时销售团队高级副总裁杨总就是从一线销售员做起,一步一步晋升到副总裁这个位置的,掌管着近千人的队伍。我有一个做机器人培训的朋友,他的直接上司也是从课程顾问做起,经过10来年的打拼,做到了上海城市总经理的岗位,掌管着上海三十几家校区。

再次是做销售咨询培训师。这份工作更多的是依靠自己的专业能力和经验,为企业以及个人提供咨询和培训服务。通俗地说,就是职业讲师或咨询师。世界销售大师博恩·崔西、世界房产销售大师汤姆·霍普金斯都是从一线销售员做起,成为销售领域优秀的销售咨询师的。

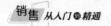

最后是做优秀的销售大咖。有很多从业多年的销售员没有选择前面三条路,而是选择了深耕一线销售。由于多年的客户积累,他们工作起来会越来越轻松,收入也会越来越高。在360搜索业务团队有很多从业10多年的销售员,一开始月薪也就两三千元,而现在每个月稳定月薪都在三四万元,而且干得很轻松。

4. 销售工作可以为个人提供最有力的成长历练

畅销书《拆掉思维里的墙》的作者古典老师说:"做自己就是不断地碰撞和塑造自己。"做销售员需要不断地学习新知识、不断地修正自己的思想和做法,不断地试错、不断地打磨自己,这不正是做自己最好的方式吗?

几乎所有商界成功人士都有专注、坚韧、善于延迟满足、乐观、豁达等优秀品质。这些优秀品质的来源都能追溯到销售这份工作上,来自无数次被客户拒绝,来自无数次跟各个行业的人打交道的经历。

鱼缸法则:从"小白"到销售冠军,你需要的是广袤的空间

心理学上有个法则,叫"鱼缸法则",意思是把一种身长三寸左右的热带金鱼养在鱼缸中,不管养多长时间,金鱼都不会生长。但是将这种金鱼放到水池中,两个月的时间,就可以长到一尺长。

对于销售新人来说,了解鱼缸法则是非常重要的。既然选择了这份工作,只有天空才应该是你的上限,如果你的工作限制了你的才华,那么不要犹豫,不要在目前的岗位上耽误时间,大胆去闯,外面还有更广袤的空间。此话并不是让你贸然辞职或者频繁跳槽,一定要一步步来。

PART 7 跃迁之路：从新人到销售冠军，这些事越早知道越好

我加入 App 客户端开发的互联网公司做销售员时，入职第一个月就是新人冠军，到后来破纪录成为团队销售冠军，再到后来成为销售冠军团队经理，直至成为销售冠军团队总监，从销售"小白"到销售冠军，可谓步步艰辛。我把我的成功经验总结出来，复制到了我带的销售伙伴身上，培养了一大批销售冠军。我亲眼见证了很多销售员从没有任何销售经验成为有名的销售冠军。

虽说销售员的经历是不可复制的，但有些方法和策略还是有章可循的。经过研究，我总结出了销售冠军 6 步成长法，这 6 步也是每个销售人都应该知道的关键步骤。

1. 定目标
2. 给理由
3. 学方法
4. 疯狂行动
5. 常反思
6. 坚持行动

第一步，定目标

哈佛大学有一个关于目标对人生影响的跟踪调查，对象是一群智力、学历、成长环境等各方面都差不多的人。调查结果发现，27% 的人没有目标，60% 的人有较模糊的目标，10% 的人有清晰且短期的目标，只有 3% 的人有清晰且长期的目标。

25 年的跟踪结果显示，那 3% 的人 25 年来都不曾更改过目标，他们朝着目标不懈努力，25 年后他们几乎都成了社会各界的优秀人士。那 10% 的人生活在社会的中上层，短期目标不断达成，生活状态稳步

183

上升。那60%的人几乎都生活在社会的中下层，能够安稳地生活与工作，但似乎都没什么特别的成就。剩下那27%的人几乎都生活在社会的底层，25年来生活得并不如意，常常失业，靠社会救济，还常常抱怨他人、抱怨社会。

由此可见，目标对人生有着巨大的导向性作用。对于销售这份以结果为导向的工作，目标显得更为重要。

我在做App客户端销售的时候，之所以能快速脱颖而出，我个人认为很重要的一个原因就是我从入职的第一个月就给自己定下了目标：我要做新人冠军，我要做公司的销售冠军。这是一个比较宽泛的目标，落地的目标则是第一个月完成6万元的业绩，我的一切行动都是基于这个目标的。第一个月我虽然没有完成预期目标，但我拿到了新人冠军。接下来我的目标就是破销售纪录，做销售冠军，终于在入职第4个月的时候打破了公司的销售业绩纪录，做出了30万元的销售业绩。

而跟我同时入职的销售员Tom，只是在被动地执行经理分配给他的业绩任务，没有达成目标的意识。正是因为没有目标意识，所以他上班就是混日子，到点就下班回家，入职不到4个月就因为业绩不理想，主动提出了辞职。

为此我特意设计了一个"SMART销售目标规划表"（表7-1），该表是在SMART原则的基础上设计的。

表7-1　SMART销售目标规划表

项目	内容
目标范围（总目标）	社区推广××品牌驴奶

续表

项目	内容
目标时限（T）	3天
目标可行性分析（A）	通过免费送鸡蛋邀请老人来听课，从而促进转化，此活动预期转化率为5%
量化目标（M）	每天招募20人来听讲，送20袋鸡蛋，至少成交1箱驴奶
具体任务（S）	1. 2. 3.
达成结果（R）	销售20箱驴奶

接下来简单讲下SMART原则在销售团队中的应用。

S：Specific，具体的。目标一定要具体，要让销售团队一看就能明白。今天楼下几个年轻人在推销驴奶，闲聊得知，老板让他们去附近的社区，以免费送鸡蛋的活动招募更多的老年人过来听课。这就不是一个具体的目标，具体目标应该具体到哪几栋楼、具体的年龄段、什么时间完成，等等。

M：Measurable，可衡量的。目标一定要可以用数字来衡量，例如，到底要招募多少人过来听课？1个、5个，还是10个。

A：Attainable，可实现的。目标一定要能够落地，如果你是团队领导，告诉手下，一定要在全北京的社区推广驴奶，那么估计当场就会有人会笑喷。目标设定得太高会打击士气，不如设定一些可实现的，如招募10个人来听课。

R：Relevant，相关的，结果导向的。目标要以结果为导向，每天鸡蛋没少送，只有 5 个人来听课，你自己琢磨能有多少转化率？所以，你的目标应该是最终有几个人买了驴奶，而不是几个人拿走了鸡蛋。

T：Time-based，时间限制。要有明确的起始和截止时间，例如，驴奶促销活动一共 3 天，你要在这个时间之内提高转化率。

第二步，给理由

有了明确的目标后就需要有做这件事的理由，理由往往比方法更重要。你要问自己，为什么一定要达成这个目标？是为了赚钱交房租，还是为了给自己换部新手机……达成这个目标对你来说有什么好处？达不成会有什么损失？理由越充分，越容易达成目标。

前文中提到，我在 App 客户端做销售的时候，第一个月的目标就是做新人王（新人销售冠军），可我完成这件事的动力是什么呢？我不断地问自己"为什么一定要拿到新人王？""拿到新人王对我而言好处是什么？拿不到的损失又是什么？"

每次我懈怠、没有动力的时候就会问自己这些问题："我为什么要这么拼？"好的问题带来好的答案，好的答案带来好的行动。

现在请你回答下面这些问题，找到属于自己的理由。

我为什么要这么拼？

_____

我为什么要出人头地？

_____

我为什么不能水果自由、手机自由、旅行自由……财务自由？

_____

我为什么要跟别人合租，挤在 20 平方米的小房间里？

_____

我为什么不能开豪车、住大房子？

_____

第三步，学方法

有了目标和为之奋斗的理由，接下来就是行动。但作为新人，不懂产品、不会判断意向客户、不会跟单、不会逼单、不会拜访客户……该怎么办？这个时候一定要做的一件事就是学习。学什么呢？学习产品知识、学习销售技巧、学习调整心态。要跟谁学呢？跟领导学、跟销售冠军学、跟帮带师父学、跟书本学。

新人入职后的前半年是学习的最佳时机，一定要抓住这个时机。在这个时间段，无论是领导还是同事，面对新人都会比较包容、比较有耐心，即便新人问的问题比较多、比较幼稚，大家也不会反感，因为大家都是这样过来的，所以会给新人更多的试错机会。一旦过了这个阶段，你再问一些比较简单的问题，可能境遇就完全不同了。

学到的方法要及时记录、复盘，否则很快就会忘掉，最简单的方法就是写下来。

1. _____
2. _____
3. _____
4. _____
5. _____

第四步，疯狂行动

有了目标和努力的理由，又有了方法，接下来就是行动了。新人要在最短的时间内脱颖而出，唯一的方法就是疯狂地行动起来。没有大量行动的积累，一切都没有用。作为销售新人，要早点到公司、晚点离开公司，白天工作的时候要提高工作效率，周六要主动加班。增加工作时间虽然不是大量行动的唯一标准，却是与老销售员拉近距离、和新人拉开差距的最为关键的指标之一。

也许你会说，销售新人好辛苦。试问，如今哪个行业的新人不辛苦？金融、保险、股票分析师、电商、设计师、文案策划、导演、演员、演说家、教师、IT工程师、化妆师、医生、律师等无一例外，都特别辛苦。

放下对辛苦的抗拒，去接受，去大量地行动才是正路。只有行动，才会让你离目标更进一步。

制订自己的行动计划，从每天5件事开始。

1. _____
2. _____
3. _____
4. _____
5. _____

第五步，常反思

有了大量的行动，势必会频繁出错，产生问题。这时候就需要经常反思，反思才能让一个人快速进步、成长。反思一般分为日反思、周反思、月反思、年度反思。每次做完事，要反思哪里做得好，哪里做得不好，下次哪里需要修正，哪里不需要做。只要能保持反思，一定可以进步神速。

假如你每天反思一次，就相当于每天进步一次；如果每个月反思

30 次，就会进步 30 次，每年就会进步 365 次。也许你跟其他人以前有些差距，但反思 1 年之后就会远超他人，即便不能超过其他人，自己的 365 次进步也是不小的成就。

我在 360 搜索销售团队的时候，要求我们团队的小伙伴每天下班后都要在微信群里写当天的工作心得，其中关键的一项就是今天哪里做得好，哪里做得不好。我认为，我们团队的销售伙伴之所以比其他团队的新人进步得快，很关键的一个动作就是每天写工作心得。

晚清名臣曾国藩之所以能被世人称颂，很重要的原因就是他善于反思，真的是日日反思、事事反思。更可贵的是，他把日常的反思都写成了日记，这些日记后来被整理成了《曾国藩家书》，供后人学习参考。

第六步，坚持行动

销售员的成长历程也可以参照质量管理理论——PDCA 循环。PDCA 循环将质量管理分为四个阶段，即 Plan（计划）、Do（执行）、Check（检查）和 Action（处理）。定目标、给理由、学方法其实都是做计划的内容，大量行动对应的是执行，常反思对应的是检查，坚持行动即校正后再次行动。

销售员之间的差距往往并不取决于前 5 步，而是取决于第 6 步，也就是坚持。好的业绩大多是销售员坚持而来的结果。比如，在 360 搜索销售团队时，我的直属上级 Kang 从一线销售员做起，做到了高级销售总监，带领 100 多人的销售团队，如今在北京安了家，是坚持让他走到了今天。

只要你想做好销售这份工作，不变的原则便是坚持。若没有坚持，一切都不会有质的飞跃。

墨菲定律：3大误解可能毁掉你的职业生涯

墨菲定律告诉我们，"凡是有可能出错的事就有很大概率会出错"。也就是说，任何一个事件的发生，只要具有大于零的发生概率，就不能假设它不会发生。

墨菲定律的提出，源自一次火箭减速超重实验。1949年，美国空军基地的工程师爱德华·墨菲上尉和上司斯塔普少校一起负责火箭减速超重实验。其中有一个项目，要求将16个火箭加速度计悬空安装在受试者上方。结果，竟然有人将16个加速度计全部装在了错误的位置上。

之后墨菲总结出了这一著名定律：当完成一项工作有很多种方法，而其中一种方法会导致事故的发生，就一定会有人按这种方法去做。

墨菲定律也被称为倒霉定律：你所期待的事情不一定会发生，但你担心的事情一定会发生。然而，这是一条被全世界曲解了的定律，一定发生的前提是时间足够长。例如，如果你能活几万年，那么总有可能被车撞到。

墨菲定律可以从两个方面来理解。从积极的方面看，只要有一线希望，努力就一定会得到回报；然而更多的人是从消极的方面来看的，即只要有坏事发生的可能性，那么它迟早会发生。

对于销售员来说，如果不能正确理解墨菲定律，那么当你对一些事情有误解时，就很有可能导致职业生涯被毁。

在360搜索销售团队时，我们团队有一个名叫Carry的女孩，她的性格有点内向，口才也一般。我跟她做新员工入职1周访谈沟通，谈到她的目标时，她跟我说："我口才没有John好，性格也没有Robin外向，估计我很难做好销售工作。"我明显感觉到她对胜任这份工作

PART 7 跃迁之路：从新人到销售冠军，这些事越早知道越好

信心不足，我对她说："能不能做好销售工作跟性格、口才没有必然的关系，关键还得看用心，只要你肯花时间在这份工作上，不断地学习，并且坚持住，你一定可以取得好的业绩。"经过几次沟通，我给了她很大的信心。

Carry 在工作上非常努力，每天第一个来到公司查找客户资料，晚上几乎是最晚的一个离开公司的，周末休息的时候也会去公司加班查资料，遇到问题总是第一时间找我和其他伙伴沟通，不断学习、优化自己的销售话术、销售技巧，每天都非常积极。在这样的状态下，入职第 1 个月 Carry 就成为新人中的销售冠军，并且连续 8 个月蝉联销售冠军，创造了连续两个月单月 23 单、24 单的好成绩，刷新了公司的销售订单纪录，多次拿到公司的新人最佳销售奖，后来成了公司有名的销售冠军。

Carry 是一个有着无限潜能的好销售员，如果我没有帮她除掉误解，任由她按照墨菲定律消极的一面想问题，她就不可能有今天的好成绩。

我在面试和辅导新人的时候发现，很多销售新人对销售这份工作有很深的误解。这些误解如果不解开，他们就会错过大好的职业发展期，甚至草率地放弃销售生涯。

经过分析和调研，我总结了新人常有的对销售工作的 3 个误解。

销售新人3大误解

性格内向的人做不好销售
努力工作就能月薪过万

我没有资源和人脉，没办法签约大客户

误解 1: 性格内向的人做不好销售

一直以来，很多销售新人以及没有做过销售工作的人普遍认为，

性格内向的人做不好销售工作,但事实上这是个很大的误解。销售工作做得好与坏跟性格没有直接关系,关键还得看你态度的好坏,包括是否勤奋、是否有耐心、是否专业、能不能坚持等。经过对3000多名销售人员的调研,我发现性格相对内向的人更容易做好销售。这个结果也许会大大超出你的认知,但事实确实如此。我所说的内向是跟外向的人对比相对内敛,而不是那种超级内向甚至有社交恐惧的人。为什么会这样呢?

销售是一份很磨人的工作,需要我们付出大量的时间和精力,需要我们有耐心,需要坚持,需要经得住客户的考验和拒绝,而对于这些,性格内向的人更容易做到。在实际工作中,很多性格内向的人没有做好销售工作,不是因为性格的原因,而是心态和动机的问题。如果有人可以帮助他们改善心态、调整动机,他们一定可以做好销售这份工作。

我本人就是一个性格偏内向的人,刚开始做销售时也一度怀疑自己不适合,怀疑自己不能胜任。事实证明,我可以很好地完成销售任务,而且我越来越喜欢销售这份工作,尤其享受说服客户签单后的成就感,以及获得客户的尊敬和被信任的感觉。

误解2:努力工作就能月薪过万

在360搜索销售团队时,我时常跟销售新人聊天。新人经常对我说:"经理,我每天都能完成公司要求的工作,晚上回家也会查询足够的资料,但为什么还是开单不多?"新人总以为只要认真完成日常的工作就能够开单赚钱,实际并非如此。我特别想对新人说:"你们太想当然了。"如果每天完成基本的工作量就可以月薪过万元,那么来应聘这份工作的人会排到1公里以外。

当时新人James和Jason同时入职,一个加入了我所管理的Carl团队,另外一个加入了我们的 David 团队。James 工作很努力,每天都能完成基本的工作,但他很少向优秀的销售员请教问题,都是被动接受任务和培训。下班回家后除了打游戏就是看电视,从来没有看过与销售相关的书籍,也从来没有对每天的工作进行过总结。

Jason 则完全不同,他白天努力工作,积极完成领导交代的任务,与此同时,他还会向业绩高的优秀销售员请教学习。下班回家后,他还经常看书、看视频学习,做日常工作总结,梳理当天打了多少电话,意向客户有几个,哪些意向客户可以跟进,需要找谁帮忙跟进;他还会整理自己的话术,总结反思哪里做得好,哪里做得不好,琢磨怎样才能够找到更多的意向客户;他也时常主动找直属上司 David 请教开发客户的一些问题。

半年后,两个人的结局大不相同:一个走,一个留,而且留下来的 Jason 业绩越来越好。

误解 3: 我没有资源和人脉,没办法签约大客户

任何行业的大客户资源都是有限的,有资源和人脉固然好,但没有资源和人脉也一样可以签约大客户,只不过需要花费更多的心思和精力。很多销售员看到别人签约了大客户,会觉得对方的运气好,撞上了"财神"。殊不知大客户不是靠运气撞出来的,而是靠销售员的专业度、锲而不舍的精神以及良好的人格魅力吸引过来的。

2014 年,我做过一段时间的 SaaS 软件的大区经理。第一次接触,我对这个行业很陌生,也没有任何的人脉和资源,一切都得从零开始。同时期入职的一些同事都认为开发大客户很难,不相信自己可以开发出大客户。也可能是因为来自上一份工作的自信心,我始终相信我可以开发大客户。

就在我入职3个月的时候,我开发了一个超级大客户。这个客户是云南昆明做硬件设备的,他从昆明专程坐飞机来北京考察,考察当天我们就签署了20万元的渠道代理协议,回去的第2天,客户就把款项打过来了。签约一个58000元的客户已经很难了,更何况是20万元的订单,这个业绩对于新人来说简直是奇迹,很多人都说我的运气比较好,但他们根本不知道我的付出和努力。

周一到周五晚上10点前,我都会跟意向客户进行电话沟通,每晚都会沟通1~2个客户,每次半个小时以上。每次沟通我都能从这些客户身上学到很多行业知识,我也因此快速积累了经验和谈资。

每个周六,不管别人去不去公司,我都会主动去加班。加班时我会做以下5件事。

第一,总结一周的话术,琢磨哪些开场白和话术更容易吸引客户的关注。

第二,总结产品卖点。我会把产品卖点梳理不下10遍,不断地寻找最能吸引客户的独特卖点。

第三,接待周六到访客户。周一到周五我会大量地约见客户,连续几周在公司独立接待来访的客户,虽然没成交,但我积累了谈客户的经验。

第四,跟意向客户沟通。我会跟当周的意向客户进行沟通,进一步加深客户对我的印象。

第五,整理意向客户。我会把一周内联系过的所有客户进行整理归纳,筛选遗漏的意向客户。

这些工作没有人要求我做,更没有人知道我在做,这些都是我加班时完成的。我想,正是我的努力加上那么一点点运气,才让我在入职不久就签了大单。这也可以印证,即便没有资源和人脉,只要用心做,一样可以签约大客户。

销售新人不要自我设限,不用过多地去想"我到底适不适合做销售工作,我到底能不能做好销售工作",你要想的是"我如何才能做好销售这份工作"。先完成再完美,行动是关键。

成长思维:新人跃迁,唯有快速学习

在工作过程中,我对销售新人格外关注,喜欢研究为什么有的新人成长速度很快,而有的新人却迟迟没有进步,他们之间的差距到底在哪里。

在360搜索销售团队时,我通过观察团队以及360事业群新人的成长,总结出一个规律——凡是成长速度快的新人都很好学,都具有学习型成长思维。

1. 归零心态

在360搜索销售团队时,我招聘过一个叫Jimmy的销售员,他在大学里是学生会主席,很聪明,口才也很好。我在学校面试他的时候,感觉他很棒,对他抱有很大的希望,但现实情况却让我大跌眼镜。

Jimmy入职以后很高傲,总感觉自己比其他新人牛,对于一线的基础工作非常不屑,总想着签大单,总想着走捷径找客户,根本无法耐下性子开发客户。他还是停留在过去的那点荣誉上,殊不知职场中一向不看过去,只看现在。即使你过去在学校是"超级明星",如果工作中无法做出业绩,一样会被淘汰。

果不其然,不到一个月他就干不下去了,跟我提出离职。我问他为什么,他说他干不下去了,想去做总经理助理。我问他知不知道总经理助理具体要做什么、他有什么优势,他哑口无言,最后选择再坚持一段时间。结果又过了不到一周,他再次提出离职,这次我没有跟他聊太多,简单聊了几句就给他办了相关手续。

真的为他感到遗憾,以他的能力和口才,如果可以踏实工作,一定能成为一名优秀的销售人员。总结原因,便是没有归零心态害了他。

2. 主动学习

新人要跃迁,首先就要有归零心态,其次是主动学习。

我常常在想,为什么很多新人不敢独立谈单,究其原因,主要是因为谈资不够。客户问一些简单的产品问题还能勉强应对(因为有相应的培训),如果问到一些比较深入的问题,新人根本无法回答。于是我就想,到底该怎样提高销售新人的谈资呢?在尝试了很多方法后,我发现新人要提高谈资,只有主动学习一条途径,别人帮不上什么忙。

一名优秀的销售员不仅要学习销售技巧和产品知识,学习行业知识、行业技能,还要了解行业发展趋势、大公司的动态、知名企业家的创业故事等。

快速提高谈资有两个方法,一个是大量阅读,另一个是向高手请教。

★大量阅读

读书是提高谈资特别好的方法。也许你会说,哪有那么多时间读书,其实时间总是有的,你可以挤出来。从我做销售开始,每天去上班的路上,我几乎都会进行阅读,有时候看纸质书,有时候看电子书,也会看优质的微信公众号文章,如创业邦、36氪、刘润等。日积月累,我的谈资提高了很多。

★向高手请教

跟高手请教是很好的学习方式,但因为销售工作的特殊性,高手也不会把所有的高招都告诉你，很多东西还要靠自己去观察、去悟。例如，观察团队中优秀的销售人员，看看他们是怎样工作的，连续观察2周，你一定能发现他们跟你的不同之处。然后结合自身的情况，加以改进，你一定会进步神速。

我做销售员的时候就会采用这种方法，暗中观察优秀的销售员，发现他们做的与跟我讲的完全不一样。并不是他们告诉我的不对，而是他们自己独到的东西并不会与他人分享。

3. 自我训练

读了那么多书之后，我发现一个问题：很多内容放下书本就忘了，这也是很多人认为读书无用的原因。

实际上不是读书无用，而是没能学以致用。自我训练的目的就是要积极参与进来，通过练习加深记忆。道理看得再多，不行动也是无济于事的。如果你认为形式大于内容，那我也没有办法。但是以我的经验来看，如果你能坚持训练，那么再简单的事也会收到不一样效果，这就是刻意训练的结果。

根据本节内容，我们这部分的训练设计为两块：阅读与观察。

★阅读

对于很多人来说，阅读是最简单的，但是对于销售员来说，阅读可能是最难的。有人会说，我要是能看得进书去，还会做销售员？这完全是认知水平不同导致的，希望你能懂。

既然读书很难，那就每天试着只读一节内容，而且只挑选自己感兴趣且对自己有用的一节内容。然后，将重点工作放在记读书笔记上，思考这一节内容对你的工作有什么帮助；如果是你，你将怎么做。

★观察

观察团队中的销售冠军,连续观察与记录两周,看看他们是如何工作的。如果有可能,可以与他们建立私交,了解他们的生活,记录他们一切有价值的做法,这样有助于你更全面地思考。

首先观察并记录销售冠军的行为,然后对比自己的行为,并进行模仿与改进,最后记录效果(表7-2)。

表7-2 行为观察记录表

项目	销售冠军	自己
工作	1. 2. 3.	
生活	1. 2. 3.	
相仿/改进		

高手策略:如何成为电话销售高手?

2013年我加入了互联网行业,从一线电话销售员做起,怀着忐忑的心情一个一个拨号。空号、被拒绝、被直接挂断,甚至被骂……内心经历了一次次沉重的打击。名单上有500多条资料,但超过98%是无效的,只有10多个客户愿意沟通,这些号码打完一遍,我感觉心都快被击碎了。

一开始打电话,心里想的不是怎么跟客户沟通,而是期待客户不接,因为怕客户接电话后自己不知道说什么,但公司又有业绩考核,所以内心十分纠结。怀着忐忑的情绪，我斗争了一个多星期。那段时间，感觉时间过得特别慢，特别煎熬。

在成长的路上，多亏了我的启蒙老师，也就是我当时的直属销售经理 Ann。当我没信心的时候，她鼓励我；在我不知道怎么跟客户沟通的时候，她指导我；在我迷茫的时候，她指引我。她不断地给我信心，不断地传授我工作经验、沟通话术、销售技巧。她当时跟我说了一句话，至今我仍记忆犹新："你要在新人中快速脱颖而出，唯一的办法就是超级努力；如果你想成为销售冠军，那更得加倍努力。"就是这句话一直激励着我，当我松懈的时候，一次次地给我力量。

入职 3 个月后，我刷新了公司的个人业绩纪录，也是唯一一个入职 3 个月就创造如此业绩的销售新人。这个过程中我经历了很多，我一直认为，我把那 3 个月过成了半年。我是如何做到的呢？

1. 弄清楚为什么做，是做事的第一步

我开始打电话销售的时候，接通率不足 5%，心里很排斥打电话这件事。尤其是下午的时候，由于总在拨号但又接不通，再加上犯困，状态很糟糕。

有一次周末休息的时候，我看了几个关于电话销售技巧的视频，其中有 3 句话对我影响很大。

金句 1：要喜欢电话，电话是你桌子上的一座宝藏。

金句 2：电话是全世界最快的通信工具，可以快速地帮助你达成你想要的结果。

金句 3：打电话的目的是帮助更多的客户解决问题。

仔细一想确实如此，如果把电话当成达成目标的伙伴，我还会讨厌它吗？对于工作业绩，有什么快捷的达成方法吗？答案是打电话。其实，就是从意识上接受打电话这件事，明白打电话的意义。

从那之后，我开始试着喜欢这份工作，把电话当作我的伙伴。每天早上到公司第一件事就是擦干净我的电话，我开始爱惜我的电话。同时我转变了打电话的出发点，每通电话都是为了帮助客户，都是给客户送祝福。客户拒绝我就是拒绝帮助、拒绝祝福，是客户的损失，不是我的损失。有了这样的积极心态后，我打电话的状态开始好起来。千万不要小瞧这样的心理暗示，它可能会给已经心灰意冷的你带去新的希望。

2. 打电话前先回答 6 个问题

我在刚开始打电话的时候总是没有头绪，对于客户的提问总是无法回答。后来我总结了 6 个问题，把这些问题想清楚了，客户的问题也就迎刃而解了。

在接通电话的时候，每个客户的心里都会有 6 个疑问。

（1）你是谁？

（2）你要讲什么？

（3）你要讲的对我有什么好处？

（4）如何证明你讲的是真实的？

（5）为什么我要在你这买产品？

（6）为什么我要现在买你的产品？

"你是谁"对应的是自我介绍，你需要准备一个能让客户记住你的自我介绍。

"我叫李金旺,您叫我金旺就行,名字特别好听,特别好记,寓意是预祝您生意兴旺发达。"就是这个小小的细节,让很多客户记住了我。

"你要讲什么",对应的是你今天要跟客户沟通什么事。

"今天打电话给您,是想跟您谈一下移动互联网营销的事。"

对于"你要讲的对我有什么好处",在开始沟通之前,你就要把客户可能受益的点列出来。

"咱们这个产品是帮助您占领移动互联网的一个入口,让您抓住移动互联网的红利期,低成本地帮助您做产品营销。"

要回答"如何证明你讲的是真实的",就需要准备好成功的客户案例,以增强信任感。

"王总,我们现在已经服务了十几个行业,帮助了200家公司进军移动互联网市场。您所在的行业我们已经合作过两家,而且效果都不错。比如,北京××电子商务公司,他们专门做电子产品销售,想在移动互联网上打开一个入口,于是找到了我们,去年8月与我们达成了合作,到现在1年多的时间,该公司的销售额提升了50%。你们都是同一个行业,我们能帮助他做好,相信也能帮助您做好服务,帮您提升销售业绩。"

"为什么我要在你这买产品",这里强调的是"你"这个字,销售员那么多,为什么选择跟你合作呢?要回答这个问题,你要准备好充分的资料证明自己。从业时间、合作客户数量、合作客户案例、合作客户效果、知名专家认证、荣誉认证等都可以证明你的实力。

"王总,我是2013年加入这个行业的,目前已经做了两年(此处的时间是以笔者当时的工作情况为例的),时间不是很长,但我服务的客户可一点都不少,我已经服务了50多家公司,其中知名品牌××就是我的客户,客户对我的评价都很高。我也是公司的优秀销售员和年度服务明星,是被客户点名要求合作的销售伙伴。"

"为什么我要现在买你的产品",强调的是"现在"这个词。你一定要给客户现在购买的理由,如果现在付款和下个月付款没有区别,那么除非客户着急使用,否则他一定会拖。

"王总,咱们这个月在做折扣活动,本月付款可以赠送您××产品3个月的增值服务,只有10个名额,下个月付款就没有了。"

3. 每通电话价值57元

我们一定要清楚电话销售是零存整取的工作,我们拨打的每通电话都是有价值的,只不过这个价值积累到一定量才能提取出来。这就好比超市的会员卡积分,我们每次消费都会有积分,但必须积累到一定的数量才可以兑换商品。

明白这个道理后,我算了一笔账,按照平均每天打120个电话计算,一个月22个工作日,每个月平均能打2640个电话。假如每个月完成15万元的销售业绩,那么每通电话的价值就是57元。这样算下来,每通电话的价值还是很高的。我不再畏惧打电话,反而喜欢打电话,因为从某种意义上计算,呼出越多,出现好业绩的概率就会越大。

4. 这笔账你要算明白

在谈客户的时候,我们都喜欢给客户算账,其实我们也可以给自己算算账。我的经理 Ann 告诉我要多付出，于是我就自己算了一笔账。

我发现大部分销售员每天呼出 100 通电话，如果我每天呼出 200 通电话，那么我一天的工作量就是别人的 2 倍。这就相当于我一个月做了其他人 2 个月的工作量，换句话说就是我 1 个月的沟通经验是其他人 2 个月的经验，我工作 3 个月相当于其他人工作 6 个月。从某种程度上说，工作量越大，遇到的问题相对也会越多；遇到的问题越多，成长得就会越快。资深销售员之所以资深，就是因为遇到的问题多，而且他知道如何更好地处理这些问题。

算完后我瞬间开心了。只要我坚持 3 个月，就算是一名有经验的资深销售员了，新人一定追不上我。

5. 每通电话都要保持微笑

这一点不需要多讲，销售是信心的传递，情绪的转移。我们是微笑着还是板着脸给客户打电话，电话那头的客户是可以感觉到的。有一次，我跟上海的一位做美容养生的老客户一起吃饭，他跟我说，"其实你们公司以前有很多人给我打过电话，但我唯独选择了你，你知道是为什么吗？因为跟你聊天我很开心。无论我的态度好不好，你总是微笑着跟我说话，而其他的销售员会跟我抬杠，很没耐心。我喜欢跟爱笑的人合作，因为我感觉你可以给我快乐，所以就选择了你。"

换位思考一下，如果你是客户，你喜欢愁眉苦脸的销售员还是面带微笑的销售员呢？自然是后者。

其实人人都可以成为电话销售高手，就看谁能坚持得住。在销售这个行业，拼的不是聪明、口才，而是你的勤奋力、你的学习力、你的坚持力，坚持到最后的就是赢家。

发展思维：去这样的公司做销售，职业发展会更快

我们常说选择大于努力，这句话一定是对的。我在多年的销售过程中发现，那些发展比较快的销售员大部分是因为选对了平台。

我在 SaaS 软件公司做大区经理的时候，我们的直属上司 Lisa 就是一个很典型的案例。她在 2010 年加入这家公司，从一线渠道销售员开始做起，不到 5 年的时间，晋升到了渠道总监，管理全国 30 多个城市的渠道代理商，同时拿到了公司的股票期权。2015 年年底公司成功上市，Lisa 的股票期权折合现金高达几百万元，收入一下子有了质的飞跃。

反观跟她同时进入职场的同学和朋友，很多还在一线销售的岗位上奋斗着。难道真的是 Lisa 的个人能力强吗？当然，她的能力确实很强，但也没有强到是别人的 10 倍、20 倍的程度，是平台的力量推动了她的快速发展。

作为销售员，想要有所成就，就不仅仅要有很强的能力，更重要的是要有一个可以让自己施展才华的平台，这个平台的发展速度决定了销售员的职业发展速度。

选择永远大于努力。选择对了，一切都会更好；选择错了，再努力也没什么用。那么，到底应该选择什么样的平台呢？

选择什么样的平台？	
有使命感	产品好
领导优秀	重视人才

第一，有使命感

我们在选择加入一家公司之前，先要通过各种渠道了解一下这家公司有没有使命感。当然，这个使命一定要是利他的、积极正向的、对社会有帮助的，而不能是纯个人主义色彩的。

在 360 搜索的时候，我们团队的销售员 Evan，以前在一家房地产公司做销售，那家公司有 50 人左右。我问他为什么离职，他说上家公司的口号和使命就是赚钱，除了赚钱，没有别的目标。半年以后，那家公司倒闭了，很多员工的薪水都没有拿到。

我建议，如果你有选择的余地，这种没有使命感的公司或者使命感偏颇的公司千万不要加入。

第二，领导优秀

我个人认为，一位优秀的销售领导需要具备硬技能和软实力，简单来说，硬技能指的是有一线销售的实战经验；软技能包括自律、积极乐观、包容、乐于分享、善于学习、领导力强等。

我做第一份互联网销售工作时就遇到了一位优秀的销售经理，她完全拥有以上两大实力。

我的第一个客户是深圳的严总，是做农业种植园生意的。当时我打电话向她介绍了我们公司的产品，严总表示有兴趣，但我并没有讲出我们的独特优势。之后，Ann 进行跟进，给严总打了两通电话，最终顺利跟客户签单。单子签完之后，经理还把谈单的过程和思路都教给了我。其实并不是每一个领导都会这样做。

Ann 的软技能也很强，她非常自律，几乎每天都是第一个到公司，即便生病了也坚持在一线工作，在公司里边，大家都叫她铁人 Ann。

我认为，这样的领导是值得追随的。

第三，产品好

不管一家公司营销手段做得有多好，最终还是要回归到产品本身上。没有过硬的产品，根本无法长久地发展下去。从某种程度上讲，销售员的主要工作就是卖产品。

那么，什么是好产品呢？首要标准就是它是刚需产品。也就是说，这款产品一定能够很好地解决目标客户的痛点，是目标客户的必需品，而不是可有可无的产品。

第四，重视人才

全世界所有伟大的公司都特别注重人才的培养，他们深知，没有优秀的人才就不会创造伟大的公司，他们明白"人才是第一生产力"。而且他们都敢大胆地起用年轻人，给有才能的年轻人很大的发展空间。相反，那些不重视人才、不敢起用年轻人的公司则很难获得长远的发展。

我有一个做互联网广告销售管理的朋友，叫Gavin，他在那家公司已经工作两年了，团队业绩一直十分优秀，他个人综合能力也很强，但就是一直没有得到晋升。不是他的能力不行，而是公司的晋升制度有问题。每当有晋升机会的时候，老板都不是按照能力来选拔人才，而是按照关系。这样的公司，即便条件再好，若没有上升空间，不去也罢。

一位世界500强的高管曾经对我说："要发展得快，就要骑上一匹跑得超快的宝马，而不是骑一匹跑不动的老马。"这匹马就代表着我们所在的公司，真正能带我们腾飞的，多半是平台的力量，而不是我们个人的力量。

PART 8

认知天性:
如何快速成为
一个很厉害的角色

业绩差距：销售员之间的距离到底是怎样拉开的？

2015年4月我加入了北京360搜索销售事业部，从零开始组建团队，1年后我们的队伍扩张到了5个团队，起名为360狼牙军团，我见证了很多销售"小白"成长为销售冠军。但同一批入职的十几个销售员，随着时间的推移，有的成了军团的销售冠军，有的则沦落为军团的倒数几名。一样的培训、一样的辅导，为什么差距会如此之大呢？我带着这个问题，仔细观察了我们军团的60多位销售伙伴，并从几个维度的对比上找到了问题的答案。

产生业绩差距的原因

优秀销售员	平庸销售员
专注，工作效率高	不够专注，工作效率低
下班后自我提升，不断精进	下班之后无所事事
思维积极	思维消极

1. 工作效率不同

我首先想到的是观察大家的工作效率，也就是看大家对时间的管理。我观察了优秀销售员和普通销售员一天的工作效率，发现了一个问题的关键点。

George是一名业绩普通的销售员，9点30分开完早会后，他并没有立即进入工作状态，而是刷朋友圈、刷抖音，10分钟后才开始开发客户，其间开发一会儿客户就休息一会儿，在网络上到处逛，一逛半个小时就过去了，然后继续开发客户。11点左右订外卖、寄快递等，很快半小时又过去了,然后继续开发客户,其间边工作边刷头条新闻。

下午基本上也是同样的工作状态,工作一会儿就在网络上闲逛一会儿,看看这个资料,看看那个资料,时间一晃下午就过去了,开完部门的晚会就回家了。

再来看优秀销售员Carry。部门开完早会她会立刻开始开发客户,从9点30分到中午12点,其间除了去卫生间和订外卖,一直在开发以及跟进客户,效率非常高。下午同样如此,她会集中一个时间段去处理零散琐事,如寄快递、交合同、对接运营等,其他时间就是高效率地开发、跟进客户,几乎没有时间在网络上闲逛。开完晚会后,她基本上还会在公司查找半个小时的资料或者联系那些白天联络不上的客户。

2. 下班后不同

上述是他们在公司的状态,离开公司后,George除了完成领导安排的任务,工作上的事一概不想。休息的时候基本就是打游戏、看电视或者跟同学聚餐。而Carry除了完成领导交代的工作外,还会总结话术、分析意向客户、提炼卖点、看书或看视频学习销售技能等,她在想办法提升自己。

销售员Carry和George代表的是两种群体,一种是努力进取型,另一种是得过且过型。两种人每天都差一截,日积月累,业绩就会越差越大。

3. 思维方式不同

我通过沟通观察发现,业绩优秀的Carry和业绩一般的George思维方式差别也很大。

Carry跟进一个做装饰装修的客户快半个月了,眼看就要签单了,结果被竞争对手用低价给抢走了,内心很郁闷。在知道这个事情开始的几个小时,她心情很不好,但很快就从郁闷的情绪中走了出来,把精力投入到开发新客户上去了。

而 George 面对类似情况的时候,一整天都闷闷不乐,根本没有心情开发新客户。虽然每次我都会安慰他们,但改变他们内心的想法真的很难。从本质上说,两个人就是思维方式不同,积极思维和消极思维不是一天炼成的,而是日积月累养成的,很难改变。

优秀的销售员积极思维占据主导,遇到困难也能想明白、及时调整。而普通销售员则是消极思维占主导,遇到事情总是往不好的方向想,结果导致情绪越来越糟糕。

销售员之间的距离不是一下子就拉开的,而是在最为平凡的日常生活中一点点拉开的。我们不要跟别人比进步速度,要跟自己比,只要自己在进步就行。不管你现在是什么水准,只要保持一颗上进的心,坚持住,不断前进,终将会迎来属于自己的胜利。

努力偏差:如果努力有用,这个世界上就没有穷人了

在多年的带团队过程中,我发现了一个特别奇怪的现象,就是无论销售什么产品,总有一些销售员看起来特别努力,但每个月的业绩却很一般。为什么会出现这样的结果呢?到底是怎么回事呢?

带着这个问题,我对销售人员进行了观察和分析,发现那些看起来很努力的销售员,虽然花了很大的力气在工作,每天不停地查找客户资料,打很多电话,拜访计划也排得满满当当,但在关键问题的处理上却容易出大问题,导致很多客户签不下来。即便再努力,如果总是犯错,结果也一定不会好。

1. 低估客户的成长潜力

通常情况下,我们把客户分为大客户和小客户两种,在销售的时候会根据客户当下的情况做大小客户的判断。其实判断的标准很宽泛,因为客户的实力是在不断变化的,我们不能以静态的眼光看待客户,而是要用动态的眼光,否则会丢掉很多大客户。

我在做销售的时候,喜欢把客户分为当下大客户和未来大客户两种。当下大客户指的是客户当下的订单金额大,但能合作多久不确定;而有些客户虽然当下订单金额小,但持续性好,而且未来极有可能成为大客户。除了维护好当下大客户,我们还要维护好未来大客户,他们也是我们未来的业绩增长点。

在 360 搜索时,我们团队有一个做互联网汽车保险的客户,首次签单金额很少,合作一年来没有产生二次消费,但销售员 Carry 并没有忽略他,还经常给这位客户做回访,逢年过节也会问候这位客户,Carry 一直觉得这个客户有消费潜力。

就在合作的第二年,这位客户获得了一笔很大的融资,开始在全国各地开办分公司,发展十分迅猛,于是客户一下子追加合作了很多互联网广告项目,从原来的普通小客户升级为了大客户,让 Carry 的业绩直线上升,这个客户为 Carry 多创造了近 10 万元的业绩收入。

大部分销售员的做法跟 Carry 相反,他们对待这样的客户不管不顾,最终导致错失大单。

2. 不敢逼单,放走很多好客户

2018 年 10 月的一个周一,我无意间了解到一个培训课程,便想购买该课程,于是前后查了很多公司,最后锁定了广州的一家公司。我通过微信对接到该公司的销售员 Lili,但她几乎没有主动询问我关于合作的事。

我们大概进行了三次沟通,但每次都是我主动找她询问产品的一些情况,Lili 总是被动回答,从来没有直接询问过我,更甭说逼单了。

合作协议我也看过了,对价格也没有什么异议,于是打算购买这个课程。但从头到尾,Lili 一直没有向我逼单,而是等着我的回复。如果她可以向我逼单,我应该在周五就能确定下来。因为我的内心已经决定购买这个课程,但我需要一个现在购买产品的理由,Lili 并没有给我这个理由。

当时刚好赶上周末,我参加了 360 商学院的一个讲师培训。在培训期间,我咨询了讲课的老师和一些同事,他们给我的建议是暂不购买。到了第二周,销售员 Lili 联系了我一次,但还是不温不火,也没有告诉我当下合作的好处,正好又赶上有其他事要忙,我就将此事暂时搁置了。

如果都像这位销售员一样,那么有多少客户也都丢了。

逼单就是要快,只要客户有意向,就要快速拿下,能在 1 个小时内搞定的就不要两个小时搞定,因为客户的变化就在一瞬间。逼单就是要狠,不要不好意思,90% 的订单是因为不好意思、不够狠心而丢掉的。

3. 不及时跟进客户

我在做一线销售员的时候,经理跟我们多次强调,一定要不断地跟进客户,宁可把客户逼到不做了,也不要因为不跟进而让客户流失。

在 360 搜索时,我对入职 1 年内的销售员进行过沟通调研,发现有些销售员的业绩之所以不好,很重要的一个原因就是跟进客户的次数太少。有的跟进 1 次就忘记了,有的跟进 2 次没有合作就放弃了,很少能坚持跟进 4 次以上的。相反,那些能坚持跟进 4 次以上的销售员的业绩都不错。

如果第一次见面就能签单，那自然再好不过。但绝大部分销售员都达不到这样的功力，需要通过一次次的接触来刺激客户。

你肯定好奇，为什么跟进客户的次数越多越容易成交。我们从心理学的角度来分析一下这个问题。

其实这是一种纯粹接触效应，通俗来说，就是我们接触一个事物或一个人的次数越多，我们往往越喜欢它，越容易接受它，对它越是偏爱。

你想一想，你成交的所有客户是不是大部分是反复沟通接触了很多次？而作为一名消费者，你是不是更喜欢跟熟悉的人买东西？答案都是肯定的。

电视广告、各种网络媒体广告都在运用这样的效应，通过反复让消费者看广告，从而潜移默化地影响消费者的购买决定。当我们有一天去超市买东西的时候，首先想到的是广告中的品牌，会很自然地去购买广告中的产品。

人们永远喜欢跟熟悉的人打交道，所以，不跟进客户是导致客户丢失的高频原因。

也许你很努力，这很好，但一定要反省，你的努力是否用在了刀刃上。如果只是重复性地工作，那么这种努力的价值就会大打折扣。聚焦核心客户、聚焦核心能力是开发客户的关键所在。

时间管理：销售冠军如何高效管理一天的时间？

每个做销售工作的伙伴都应该有这样的感受，基本上最早一批去上班的，同时也是最晚一批下班回家的，这些人中的大部分在周六还要加班，赶上行业旺季时，周日也无法休息。有很多时候他们会连轴转，可以说把大部分的时间都投入到了工作当中。虽然每个行业的销售工作强度有所不同，但我初步统计了一下，销售伙伴每周的工作时长不会低于 60 个小时，有些高速运转的行业，销售员一周工作时间会超过 72 小时。我在 360 搜索和今日头条时，基本上都是一周 72 个小时的工作量。

既然投入了这么多的时间，就应该有一个好的结果，不然谁都无法长期坚持下去。同样的时间，为什么销售冠军和普通销售员的业绩会相差 5 倍甚至 10 倍以上？在我看来，关键在于时间管理能力。

我对近 100 个销售冠军进行过访谈，问他们如何规划自己一天的时间，他们的答案出奇的一致，就是把最好、最多的时间投入到产出比最高的客户身上。这的确是一个好原则，但具体该怎么做呢？

二八法则

二八法则是 19 世纪末 20 世纪初意大利经济学家巴莱多提出的。他认为，在任何事物中，最重要的只占其中一小部分，约 20%，其余 80% 尽管是多数，却是次要的。

在销售工作中，二八法则同样适用。80% 的业绩是由 20% 的客户创造的，80% 的时间要投入到 20% 的客户身上。

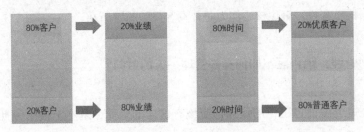

PART 8 认知天性：如何快速成为一个很厉害的角色

我在做销售员的时候，一直坚持这样的原则。每天上班后我把80%的时间和精力留给我认为意向度最高、消费潜力最高的客户，其他客户先放在一边。当我处理完高意向的客户后再跟进这些小客户。但我发现很多销售员跟我的做法刚好相反，他们把80%的时间和精力放在了开发小客户身上。虽然我们付出的时间是一样的，但业绩却相差很大。

我记得在做App客户端销售的时候，我的平均成交额是18 000元，而其他销售员则是1800元。一张订单我们就差了10倍，结果当然大不相同。

1.【自我训练】——思维导图时间计划

下面是一个简易的思维导图，作用是帮助我们更好地梳理自己的时间，20%的时间应该做什么事情、跟进哪些客户，80%的时间应该处理哪些事情、跟进哪些客户。

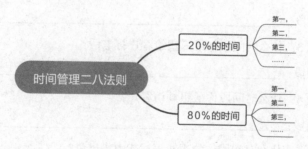

最优状态处理最重要的事

一天当中，当你处于最优状态时，一定要开发最重要的客户。那么，如何了解自己的最优状态处于哪个时间段呢？为此，我做过相关测试。

我在做App客户端销售的时候，进行过连续3周不同时间段的状态测试，分别是上午 10 点至 12 点，下午 3 点至 5 点，晚上 6 点至 8 点，测试结果显示，每天下午 3 点到 5 点是我状态最好的时候，精力特别充沛、思路特别清晰。

当然，这个也不是绝对的，每个人每天的状态会受到外界和自身各种各样的因素影响，但我认为大概率是遵从这个规律的。于是我就选择在这个时间段说服那些最重要的意向客户，处理重要的事，效率得到了很大提升。

2.【自我训练】——最优状态测试

为了更好地测试自己的最优工作状态，你需要回答以下几个问题，并记录相应的时间段。

问题 1：什么时间段你的思路最清晰？

时间段：_____

问题 2：什么时间段你查找客户资料的效率最高？

时间段：_____

问题 3：什么时间段你最渴望给客户打电话？

时间段：_____

问题 4：什么时间段你最想拜访客户？

时间段：_____

问题 5：什么时间段你的逻辑表达能力最出色？

时间段：_____

综合上面几个问题，找出工作效率最高的时间段，并在此时间段锁定 20% 重要的客户。

PART 8 认知天性：如何快速成为一个很厉害的角色

按照要事第一的原则列待办事项

在做 App 客户端销售的时候，我们的经理 Ann 工作效率很高，做事井井有条，而我很多时候会忘记做一些事。有一天我问她工作效率高的秘诀，经理笑着跟我说，她的方法就是头一天晚上把第二天要做的重要事都写下来，完成一个就打个对钩。按照这个清单做事，效率就会提升。当天经理还在晚会上专门要求我们团队的所有销售员都要做这件事。

从那以后，我就开始坚持列清单。当我开始执行的时候，感觉效率确实提升了不少。但我又遇到了一个新的问题，那就是列的事太多了，总是做不完，而且有时候会因为小事而耽误大事，于是我开始寻找解决方法。有一天，我在美国管理学大师史蒂芬·柯维的畅销书《高效能人士的 7 个习惯》中看到了"高效能人士要坚持要事第一"的原则。

遵循"要事第一"的原则，就是说以重要性为标准去做事情，而不是以紧急性为标准。我们可以把待办事件按照重要性分为 A、B、C 三类。

A 类事件：最重要的事，必须自己去做，也是第一件要做的事；

B 类事件：重要的事，压缩时间自己去做；

C 类事件：次重要的事，可以授权别人去做或者寻求别人的帮助去做。

按照这样的原则列待办事件就容易、清楚多了。下面拿某个周一来举例。

第一件（A 类事件），跟成都做户外广告的吕总联系付款的事情；

第二件（B 类事件），跟北京做办公家具的张总谈签合同的事；

第三件（B 类事件），联系北京做软件开发的王总，预约见面时间；

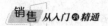

第四件（B 类事件），开发 3 个意向客户；

第五件（C 类事件），帮助长沙的李总寄发票；

……

这样列下来，我们就会清楚要做的事，效率也可以得到大幅提升。

正所谓"实践出真知"，再好的方法不应用也没有用处。唐代大诗人李白之所以能写出那么多脍炙人口的诗篇，很重要的一个原因是李白游历了祖国很多名山大川，他经历过的事、走过的路比大部分诗人学者都要多，再加上自己的总结提炼，就形成了独特的风格。时间管理也是一样，在一些好方法的帮助下，我们要大量地实践、总结，最终一定可以找到适合自己的方法。

3.【自我训练】——ABC 每日待办事项表

每天上班之前，利用 10 分钟的时间完善这张计划表，一天的工作会更有效率。需要注意的是，A 类事件不要安排得过多，一般不超过 3 件。接下来请你根据自己的实际情况填写下表（表 8–1）。

表8-1 ABC每日待办事项表

A 类事件	B 类事件	C 类事件
1.	1.	1.
	2.	2.
2.	3.	3.
	4.	4.
3.	5.	5.
	6.	6.

不可交法则：这几类人一定要躲远点

俗话说，近朱者赤、近墨者黑。在职场上，经常跟什么人在一起，在某种程度上我们的职业发展就会受到什么样的影响。你仔细观察就会发现，业绩好的销售员身边的朋友大多也是业绩出色的。相反，业绩差的销售员身边的朋友大部分也是业绩不理想的。之所以会出现这样的现象，很重要的一个原因是受到了圈子的影响。

我在做 App 客户端销售的时候，我们销售六部加入了一个新人，名叫 Sam，跟他同时入职的 Roy 则加入了销售九部。经理 Ann 让我多带带 Sam，于是我中午经常叫着 Sam 一起吃饭，我们这个小圈子还有 Jun 和 Tao，我们在一起聊得最多的是如何搞定客户，很少传递负能量，大部分时间是彼此鼓励，Sam 受到这样的影响，工作干劲儿很足，热情很高。

而 Roy 所在的销售九部就不太理想了，一开始他们的经理也安排了一个老销售员带他，但没过多久 Roy 就疏远了这位老销售员，而是经常跟 Thomas 在一起。Thomas 的业绩做得很一般，工作也不是很积极，特别爱玩、爱打游戏。两个人因为共同爱好凑到了一起，他们聊得最多的话题是游戏，很少或几乎不交流客户开发的问题。

半年以后，Sam 成了公司的销售前三名，而 Roy 的业绩排到了 50 名以后，两个人的业绩已经不在一个层次了。之所以会这样，除了自身的条件和努力以外，我认为对他们影响最大的就是身边的人。

在我们还是新人的时候，对我们影响最深的就是我们身边要好的几个同事。"要与优秀的人为伍"绝不是一句鸡汤，因为我们很难摆脱环境的束缚,要在销售这一行做出好的业绩,就一定要谨慎选择身边的人。

凭借多年的观察,我总结出以下几类不可交之人。

> **这些人最好躲远点**
>
> 1.敷衍了事的人　　　　　　3.赚钱欲望不强的人
> 2.爱抱怨的人

第一类人：日常工作敷衍了事

职场上一定有这样的人,上班晚来,下班早走。据我观察,这样的销售员几乎没有业绩优秀的,有极个别业绩优秀的老销售员也是因为有早年努力积累下来的客户和人脉,但这些吃老本的销售员业绩也不会出类拔萃,而是在中游徘徊。

我在360搜索的时候,见过不少这样的销售员,晚来早走,业绩全靠过去积累的那点老客户支撑,一直处于吃老本的状态。如果你不小心加入了这样的小圈子,我特别正式地提醒你,一定要赶紧远离。

职场上还有一类销售员,日报、周报、月报不认真写,基本就是应付领导。但凡这样的销售员,我就没有发现一个业绩很出色的,大部分都是业绩平平。

对日常工作敷衍了事的销售员,其实就是对这份工作不负责,是一种消极的工作态度。除非你想混日子,否则最好离他们远远的。

第二类人：爱抱怨

有一些销售员业绩不好还爱抱怨,抱怨公司的文化,抱怨团队的氛围,抱怨公司的领导……这样的销售员如果不转变心态,就永远无法做出好业绩。

我在做 App 客户端销售的时候，同事 Ginot 就特别喜欢抱怨。他的口才很好，但心思没有放在如何开发更多的客户上，而是放在了对公司的各种不满和抱怨上，他总觉得自己做得好，别人做得都不好。

但实际上，他的业绩做得一塌糊涂，私下里比谁都能吹，结果到业务分享、荣誉表彰的时候就打蔫儿了。我从来不跟这样的销售员做朋友，因为我知道跟他们在一起，要么我影响他，要么他影响我。当我还没有能力去改变这类人的时候，我选择远离他。

Ginot 做了不到半年，因为业绩不好，而且负能量很重，被公司淘汰了。后来听说他去了一家做软件开发的互联网公司，也是没多久就开始抱怨，等待他的结果可想而知。

第三类人：赚钱的欲望不强

几乎所有选择做销售的人，第一目标都是赚钱，而且是赚得越多越好。但总有一些销售员缺乏足够的赚钱欲望，他总是想碰碰运气，如果运气好，能开发几个不错的客户，就先干一段时间；如果运气不好，没开发出好客户，就离开公司。

有句话说得特别好："你跟什么样的人在一起，就会变成什么样的人。"我特别重视践行这句话。我在做 App 客户端销售的时候，每天除了跟经理请教问题，还跟身边业绩好的销售员交流学习，尤其是当时的同事 Joshua。我们每天一起吃饭，一起下班。我每天都能受到 Joshua 的鼓舞，迫使自己更加努力。我把他当成我的目标，时刻关注他的业绩，他签单的时候我会替他高兴，同时他也激励我签更多的订单。

在他的影响下，我在入职后不久就刷新了公司的业绩纪录。进行复盘后我认为，最关键的原因在于我强烈的赚钱欲望，正是在这种欲望的刺激之下，我变得动力十足。

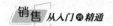

销售这条路不好走,需要有人和你一起成长,需要有人鞭策、监督你,更需要高人指点。而文中提到的三类人,一定要避而远之。

根据自己的实际情况,写下你身边的那些不可交之人,并简单列出原因。

1. _____
2. _____
3. _____
4. _____
5. _____
6. _____

下坡路惯性思维:一个销售员开始"堕落"的5种迹象

从业这些年,我见证了很多销售员从"小白"成为销售冠军,同时也见证了很多资深销售员沦为平庸之辈,接下来讲一个典型的走下坡路的案例。

2013年Milly加入了360搜索销售团队,刚开始的时候干劲儿很足,每天早上几乎都是第一个到单位的,开完部门晚会她也不会立刻回家,而是在公司继续查找客户资料,每天都是最后几个离开公司的人之一。领导交代的任务她总是第一时间响应,非常积极。在持续努力的状态下,她的业绩直线上升,很快就冲进了事业部业绩前10名。这样的状态大概保持了2年,到入职第3年的时候,不知道是什么原因,Milly整个人对于销售工作的热情极速下降,业绩也开始走下坡路,从业绩前10名,下滑到了中下游水平。

PART 8 认知天性：如何快速成为一个很厉害的角色

Milly 从"小白"成为销售高手几乎拼尽了全力，用了将近 1 年的时间。而从销售高手到普通销售员却用了不到 3 个月的时间。这一情况引起了我的注意，在接下来的时间里我开始留意观察，这种结果到底是什么原因导致的，又有哪些标志性的迹象，我们该如何避免。

> **走下坡路的5大迹象**
>
> 1. 没有目标，得过且过
> 2. 爱抱怨，负能量
> 3. 不开拓新客户
> 4. 不想学习新知识
> 5. 相信运气，不相信能力

迹象 1：没有目标，得过且过

一旦失去目标，不在乎业绩多少，一个销售员的状态和业绩就开始走下坡路了。

Milly 就是这样，因为表现出色，所以经理总是给她分配很高的业绩任务，而她没能扛住压力，选择了破罐破摔，干脆得过且过地混日子了。

这种现象非常普遍，要解决这一问题，第一步就是与直属领导沟通，获得理解和支持，第二步就是目标可视化。如果可以天天看到、听到、感觉到任务的进度，那么目标的实现就会加速。

迹象 2：爱抱怨、传达负能量

销售员开始走下坡路的重要迹象之一就是爱抱怨、传达负能量。你只要跟 Milly 一聊天，就能感受到她的负能量。你问她为什么最近业绩不好，她会说市场不好、产品不好、领导不好、氛围不好等，总之都是外界的原因，她从来没有找过主观原因。因为爱抱怨，所以她也吸引了一些爱抱怨的人，最后的结果是身边的负能量越来越重。

迹象3：不开拓新客户，完全倚靠老客户

判断一个老销售员干劲如何，先问问他最近一个季度开发了几个高品质的新客户，如果答案是"0"，那么这个老销售员一定是在偷懒。2年工作下来，Milly手里积攒了十几个优质客户，这些客户一直在为她贡献业绩。她开始发现，与其辛苦地开发新客户，不如让老客户购买新产品。短期内她这样想是可以的，但她忽略了客户的动态发展，客户不可能持续地跟他合作下去，总会有变化的时候。她每天围着这些老客户打转，很少去开发新客户，但没过多久，由于各种各样的原因，这些老客户一个个地终止了合作。Milly慌张了起来，对于销售这份工作的自信心也大幅减弱。

迹象4：不想学习新知识

刚入职时Milly非常渴望学习新知识，在培训现场积极互动，课后认真采取行动，而如今完全相反。她对于公司的培训一点都不上心，基本上是左耳朵进右耳朵出，更不会采取任何行动。她对于学习新知识已经失去了热情和好奇心。

迹象5：开始相信运气、不相信能力

Milly开始相信签单靠运气了，经常听到她说："××运气真好，找到了一个好客户，根本没费劲就签单了。"很多时候就是这样，你越相信运气，你的"运气"越是不好，Milly也是一样。

Milly就是这样一步步走向销售生涯的深渊的，在她入职第4年的时候，自己提出了辞职。听说她后来去了一家做400电话业务的公司，从零开始做起，如果她不做改变，不反省自己，那么她可能会重复上演在360搜索的剧情。

一个销售员从普通成长到优秀，要付出非常多的努力；而从优秀下滑到普通，速度是非常快的。关于预防业绩下滑、状态下滑，以下是我的3点建议。

第一，找一个好教练。关于教练的人选，公司内外的人都可以，可以是你的经理，也可以是你的师父，或者是与你兴趣相投的玩伴。

第二，找一个好榜样。在公司里找一个你佩服的销售高手，然后把他作为榜样，跟他比，从各个维度上跟他去竞争，榜样可以激发你的潜能和斗志。

第三，找一个好同事。这个同事要很积极，可以不断地鞭策你，给你一些好建议，让你时刻保持头脑清醒。

优秀思维：混得好的销售员都做对了什么？

我在驿知行带销售团队的时候，销售团队有很大的人员缺口。我和人力资源的Lily疯狂地进行招聘和面试，两个月线上和线下面试了近百位求职者。求职者基本上是销售精英，有拥有多年工作经验的大客户销售，有销售经理、销售总监，还有一部分是渠道经理、渠道总监。我在面试的过程中发现，同样的工作年龄，有些人发展得特别好，而有些人却非常糟糕，甚至还有"82年"的还在求职一线销售岗位的，真的是差别太大了。

每个人都是从一线销售员做起的，到底是什么原因导致工作5年、10年后大家的差距如此之大？

1. 在一个行业里深耕细作多年

在职场做销售员，大概有两条发展路径。一条是专业路线，从基层销售员做到高级大客户销售员；另外一条是管理路线，从销售员做到销售副总裁甚至事业部总经理。

做一线销售员，大概可以划分为直客销售员和渠道销售员。直客销售员打交道的对象是终端客户；渠道销售员打交道的对象是各级代理商，不接触终端客户。不管是哪一种销售员，只要能在一个行业深扎10年，发展得都不错，基本上都是销售专家级别了，工作越干越轻松，收入也越来越高。这样的人大部分可以达到年薪30万元，优秀的甚至可以达到100万元。

与之相反的是从业10年的另外一部分销售员，他们一两年换一份工作，两三年换一个行业，10年下来，换了四五个行业，做了七八份工作。这些年在不断地重新开始，工作干得并不轻松，也没有积累下多少老客户，工作收入一般，很多还停留在温饱的层面，高收入的很少。

我在BOSS直聘上收到一份简历，打开履历一看，很是震惊。简历的主人叫Evan，生于1982年，工作了15年，换了7份工作，最长的一份工作坚持了5年，其他6份工作的在职时间在1~2年，更糟糕的是这7份工作的关联性很低，有教育培训行业的，有互联网行业的，有户外广告行业的，还有医疗器械行业的，几乎没有行业沉淀，一直在换行业。其实我很清楚Evan不是我们要招聘的人，但出于好奇，我想了解他到底是什么样的一个人，于是给他打通了电话，询问了他的工作情况。当我问到他为什么会如此频繁地换工作的时候，他的回答是运气差，他说每次都想好好干，要么是公司倒闭了，要么就是领导有问题，要么就是行业发展不好，总之都是外在的原因，一直都没从自身寻找原因。

我问他这么多年为什么不考虑做销售管理岗位，他说习惯了在一线做销售员，不想改变。虽然是销售岗位，但他的思想却很固化，不够灵活。当我听到他说底薪8000元就能接受时，瞬间大跌眼镜，一个

PART 8 认知天性：如何快速成为一个很厉害的角色

工作15年的老销售员，期望薪水居然这么低。如果是这样的要求，销售新人哪还有希望可言。挂完电话我就一直在想，随随便便换工作真是"害"死人。

销售管理大体可以分为直客销售管理和渠道销售管理。深耕一个行业10年，基本上可以做到总监岗位或者副总级别，收入基本在年薪30万元以上，如果是销售副总，大部分可以达到年收入50万元。

一个朋友曾给我分享了一个做学大教育的传奇人物——Nina。Nina从课程顾问做起，一干就是10年，业绩一直特别优秀，刷新了公司的很多销售纪录，从课程顾问一路晋升到区域校区负责人，掌管了10家校区。朋友跟我说，Nina经常接到猎头的电话，而且猎头给出的薪水是Nina现在的2倍以上。如果Nina想换工作，会很容易，而且薪水也十分可观。

同样的10年，深耕一个行业的销售员会比变换四五个行业的销售员发展好得多。大部分行业都遵从这个规律。当然，我们也不排除确实有个别销售员虽然换工作频繁，但发展得也不错，只不过那是小概率事件。

2. 抓住黄金发展机会

我发现凡是现在混得好的销售员，几乎都是很幸运地赶上了公司的快速发展期，并且抓住了快速发展期的机会。

我朋友的领导Jeffery就是如此。Jeffery生于1985年，来自河北农村家庭，普通大学毕业，从一线销售员做起，中间自己还创过业，但是失败了。机缘巧合，2011年加入了现在这家做少儿机器人素质教育培训的公司。那个时候公司刚刚成立3年，他刚好赶上了公司的快速发展期，不到3年他就从一线销售经理晋升为上海的城市负责人，负责开拓上海市场，创建并管理了 20 家校区，一跃成为公司的合伙人，拿到了股票期权。后来公司在 2016 年上市，Jeffery 拥有的股票期权价值 1000 多万元人民币。不到 5 年的时间，Jeffery 从一无所有实现了财务自由。这是发生在我身边的真实案例，但并不是个案，很多人都是因为抓住了公司的快速发展期，实现了财务自由。

当然，做得好的销售员并不仅仅是因为做对了这两件事，但这两件事几乎是他们都经历过的。从现在开始审视自己，你深耕当前自己所在的这个行业多少年了，你们公司目前处于怎样的发展阶段，你是否抓住了机会？

PART 9

情商大师:

客户高兴了,

业绩就上去了

情商定律:为什么情商越高,业绩越好?

Carry 和 Hellen 是同乡,也是同学,她们两个人一起加入的 360 搜索销售团队,被分在同一个部门。两个人情同姐妹,工作上都很努力,生活上也彼此照顾,经常一起上下班。可 1 年后,Carry 成为销售冠军,而 Hellen 则沦为普通销售员。这让我感到很奇怪,到底是什么拉开了两个人的距离呢?

后来我意识到一个关键因素——情商。两个人不同的情商,决定了销售业绩的天壤之别。

1. 什么是情商?

情商是一个人控制自己情绪的能力,是一种认识他人需求的能力,是一种跟他人相处的能力,是一种自我激发的能力。

高情商和低情商各有哪些表现呢?

情商定律

高情商	低情商
自信	不自信
乐观	爱找借口
自动自发	乱发脾气
目光远大	目标不坚定
抗压能力强	自律能力较差
意志力坚定	处理人际关系能力差
换位思考	不懂得考虑别人的感受

2. 情商高的人内驱力更强

我在做 App 客户端销售的时候,所在的销售团队常年是销售团队冠军,而且我们多次刷新了公司的销售团队业绩纪录,同事一直以为我们在销售技巧方面有过人之处,但其实并不仅仅是这样的,更为关键的是,我们团队整体的内驱力比较高。

有一次公司聚餐,在跟老板聊天时,老板这样说道:"你们商务六部这个团队的销售业绩好,不单单是因为你们的销售能力强,还因为你们团队销售员的情商都比较高,主要表现在内驱力方面。"之后老板逐一点评了我们每个人的表现:"自觉性高,自我意识和意志力都比较强,抗压能力、成就欲望也比较强,这些内在的因素驱动了你们的行动。"

在我的团队,Carry 的自觉性要比 Hellen 强很多,虽然两个人经常一起上下班,但 Carry 是积极主动的类型,而 Hellen 则明显比较被动。每次 Carry 都是自动自发地完成工作,而 Hellen 要一遍一遍催才行。就是这么一点点的小差别,造成了两个人巨大的业绩差距。如果对两个人进行深度剖析,你会发现,从小到大,无论是学习还是工作,Carry 都比 Hellen 更胜一筹。从某种角度来看,这也恰恰说明了人与人之间的差距并不在看得见的表面,而是在看不见、摸不着的底层思维上。

内驱力训练

内驱力与需求联系紧密,越是紧迫的需求,内驱力越强。例如,你想买房,还差 10 万元首付款,这时你就会拼命工作,希望早日赚到 10 万元。我们的训练也是通过这种方式,激发人最原始的欲望,从而提升人的内驱力。

(1) 欲望驱动,包括物质层面与精神层面。列出当下你最渴望拥有的东西。

物质层面：＿＿＿＿＿＿＿＿＿＿＿＿＿＿＿＿＿＿＿＿＿＿

精神层面：＿＿＿＿＿＿＿＿＿＿＿＿＿＿＿＿＿＿＿＿＿＿

（2）目标驱动。列出当月你希望实现的3个目标。

目标1：＿＿＿＿＿＿＿＿＿＿＿＿＿＿＿＿＿＿＿＿＿＿＿

目标2：＿＿＿＿＿＿＿＿＿＿＿＿＿＿＿＿＿＿＿＿＿＿＿

目标3：＿＿＿＿＿＿＿＿＿＿＿＿＿＿＿＿＿＿＿＿＿＿＿

3.致力于终身学习

未来学大师、世界著名未来学家阿尔文·托夫勒说："未来的文盲不再是那些不会阅读和写字的人了，而是那些缺乏学习、再学习能力的人。"

我个人认为，在销售圈里我算是一个比较爱学习的人，通过看书我收获了很多。说起看书这个习惯，要追溯到我上大学的时候。从大一开始，周末我经常去图书馆看书，文学、励志、历史、名人传记等各类的书籍我都有涉猎，越看书越发现自己懂得太少了，恨不得一口气把图书馆里的书都看完。

通过看书，我的视野越来越大，不再局限于某一个点，而且看问题也比较长远了，不会局限于当下。更重要的一点是，我更加积极乐观了。以前我会有很多消极的观点，但通过看书，尤其是看名人传记，我懂得积极乐观是一个人成事的基本素养，也是特别重要的素养。

工作后我也一直保持着这样的习惯。通过看与销售相关的各种书籍，我收获了广阔的视野和谈单技巧；通过看管理、领导力、营销等各领域的书籍，我总结出了打造冠军团队的模型。在理论模型上加以实践，我最终打造出了多支销售冠军团队。

4. 放空自己,专注总结和反思

放空自己,就是给忙碌的自己腾出一些时间静下来思考,静下来才能更深入地去思考,才能更深入地进行自我对话。

专注于总结和反思,可以更清楚地了解自己的日常表现、行为举止、说话方式对他人产生的影响。

> **你每天可以这样问自己**
>
> 今天,哪些事情做得比较好,哪些事情做得不够好?
> 今天,我给同事、朋友展现了什么样的个人形象?
> 今天,我有哪些教训要吸取呢?
>
> 今天,是因为什么原因导致我的情绪失控的?
> 今天,我有没有做让别人快乐的事情?

在360搜索带团队的日子里,我每天都会做总结和反思。同时我也是这样要求团队小伙伴的,直到我离开,这个习惯坚持了4年。如今虽然我们不在一起工作了,但是大家依然坚持总结和反思。

5. 找一个高情商的导师

我们的周围有很多情商高手,很多时候是被我们忽略了。以我为例,我有两大导师:第一大导师是作者,我把我读过的所有书的作者都看作我的导师,他们都给了我很大的指引和启发,我的很多行动都是基于跟作者的对话想出来的,然后我会在工作中去实践,遇到问题再回来看书寻求答案;另外一个就是我的爱人,她的情商非常高,无论是在工作中还是在生活中,她都给了我很多启发和指引。当我有很多想法的时候,我会跟她交流,她几乎每次都能给我提供不一样的视角和建议。

你的身边一定也有很多情商高手,你要去捕捉和发现,有一个情商导师帮助你,你会成长得很快。

专业的销售技巧可以帮助你说服客户,但无法帮你赢得客户的喜欢,更无法让你们建立持久的关系。情商是一辈子的必修课,越早提升越好。

吸引力法则:如何快速提升个人魅力?

在我合作过的众多客户中,有两个客户让我印象特别深刻:一位是特别接地气的陈总,一位特别有魅力的吕总,两个客户都是做户外广告传媒业务的。我第一次见到陈总就被他镇住了,一身"土豪"气派,虽然没有戴大金链子和大金戒指,但他的穿衣打扮着实让我给他贴上这个标签。陈总穿着随意,谈吐也很普通,完全没有魅力可言。

吕总就完全不同了,我第一次见吕总就被他吸引住了,西装、皮鞋、手表搭配得都非常好看,整个人特别有气质,说话也很讲究,浑身上下充满了魅力。

作为销售,我们更愿意跟有魅力的客户合作,同样,客户也喜欢找有魅力的销售合作。外在形象、内在修养都是有魅力的体现。外在形象可以快速展现出来,而内在修养则要通过很长时间的修炼才能有所提升。

1. 快速提升个人外在形象

美国著名的形象设计师莫利先生曾经对美国"财富排行榜"前300名公司的100名总裁进行过调查,97%的人认为,懂得并能够展示外在魅力的人,在公司中有更多的升迁机会;92%的人不会选用不懂穿着的人做自己的助手。当我们跟客户谈单时,优秀的形象比专业能力更重要。

★男生

俗话说"定位定天下",我们把自己定位成什么样的人,我们就会按照这些人的标准来要求自己。有些书会让你按照成功人士的标准来打造自己,这一点我不完全赞同。那样做的前提是你目前发展得非常好,想再进一步,那么可以按此标准来打造自己。如果你还在一线做销售员,每天按照成功人上的形象来打造自己,周围的人会觉得你很奇怪,你自己也会感到不自在,而且也没办法跟同事融洽地相处。

所以,最好的对标人选是职位比你高一到两个级别的人。例如,你是销售员,形象对标的就是销售经理、销售总监。而对标副总以上的职位并不合适,因为他们的年龄、地位、阅历等都是你无法模仿的。我在做销售员的时候,形象对标的就是销售经理。当客户见到我的时候,就感觉是在跟销售经理谈,他们对我的信任感也会更强。

那么,具体应该如何打造自己的外在形象呢?

打造自己的外在形象(男生版)

头发	香水
皮鞋	鼻毛、胡子

第一,头发。每天都要洗头,不要让头发起油,更不要有头屑。没有哪个客户会喜欢跟头发很油或者有很多头皮屑的销售员合作,尤其是第一次见面。

第二,皮鞋。每天要擦皮鞋,不要穿沾满尘土的鞋,否则会让人怀疑我们不讲究卫生、不够勤快。

第三,香水。香水不是女人的专利,男人也可以用香水。而且淡淡的香味可以增加我们的个人魅力,有助于我们树立良好的形象。

第四，鼻毛、胡子。及时修剪鼻毛，过长的鼻毛会严重损害我们的个人形象。除此之外，一定要每天刮胡子，因为过长的胡子会给人邋遢的感觉。

在360搜索的时候，有一次我陪着销售员Andy去拜访客户，这个客户是做家具定制的，我们到客户那里的时候，负责的王总正在跟竞品公司的销售员沟通，我当时就觉得不妙，来晚一步。然而令我没想到的是，他们的谈话很快就结束了。我和Andy进入会议室，在跟客户聊了40多分钟之后，顺利达成协议。

王总问我："你知道我为什么选择跟你们合作吗？"我很自信地回答："因为我们更专业。"王总笑了笑说道："也不完全是，你看见刚才那个销售员了，穿着太随意了，谈吐也很随意，感觉他们就不正规、不专业。他们帮我做推广，我不放心。而你们就不同了，你俩的形象和谈吐都很好，我感觉你们可以帮我做出好的推广效果。"

★女生

作为女性销售员，不要珠光宝气、浓妆艳抹、佩戴过多的首饰，也坚决不要穿着太"漂亮"的服装去见客户。

打造自己的外在形象（女生版）

第一，薄、露、透的衣服不要穿；
第二，蕾丝、薄纱类材质的衣服不要穿；
第三，牛仔、皮衣、皮裤系列不要穿；
第四，破洞、撕裂、街头元素的衣服不要穿；
第五，适合约会或者参加Party的裙子不要穿；
第六，青春靓丽、过于活泼的衣服不要穿；
第七，太紧的衣服不要穿；
第八，露胳膊的衣服和露脚趾的鞋子不要穿。

2. 穿着要跟客户所处的场景匹配

我刚毕业后不久,在中国领先的某综合性金融科技集团做过一段时间的面谈销售,每天都在大量地拜访客户,入职快1个月了还没有签单。看到同一批入职的同事都在陆续出单,我心里特别着急,于是跑去请教经理 Bill。Bill 说我的话术和谈单技巧都很好,但穿衣打扮有问题。我连忙请教,Bill 说我每天穿得太商务了,适合去见写字楼的客户,而我们公司当时面对的客户大部分是街面上的超市、店面。要快速成交,就要模仿客户的穿着,无论是谈吐还是形象,都要尽量向他们靠近。

将这一心理学原则运用到着装上同样有效,我们可以通过模仿客户的形象迅速拉近彼此的距离。

第二天我就按照 Bill 的要求,改变了着装,从原来的商务装改为了休闲装,跟客户的服装格调尽量一致。接下来我把之前拜访过的所有客户又拜访了一遍,出乎意料的事情发生了,之前坚决拒绝的客户开始愿意了解产品,之前的意向客户开始考虑签单合作。短短几天的时间,我的销售技巧和话术都没有变化,只是服装搭配有了变化,客户进一步沟通的意愿就比之前强烈了。

没过几天,我就顺利拿下了一单。给客户办理完签约流程后,我就问客户:"我来咱们这儿好几回了,前几次您都拒绝我,为什么这次愿意跟我聊?"客户的回答也很实在:"这次我看你更顺眼。"

心理学中有一条相似性原则,意思是人更喜欢与自己相似的人。美国心理学家纽加姆做过相关实验,他将17名互不相识的大学生志愿者安排住在同一间宿舍中,之后进行了长达4个月的跟踪观察。结果表明,刚认识的时候,关系远近是由空间距离的远近决定的。然而,到了实验后期,那些信念、价值观和个性品质相似的人,会越走越近,并成为朋友。

做销售不仅要了解专业知识，还需要了解多领域的知识，如心理学知识，要从客户内心的想法切入，而不是以自己的想法为主。

3. 练习魅力声音

我在做App客户端销售的时候，很多同事都来找我帮他们打电话，理由是我的声音比较好听、比较成熟，具有信任感。我一直以为他们是跟我开玩笑，后来我从专业书籍上发现，男生宽厚、低沉的声音，的确更能让人感觉到权威、可信、可靠。从那以后，我开始特别关注我跟客户沟通时的声音。

语言表达7个注意事项

语调要抑扬顿挫	讲话时要适当停顿
声调不要太尖、太低	尽量避免使用地方口音
音量要大小适中	避免口头禅和错误发音，绝对不可以说脏话
语速要快慢适中	

4. 同频是关键

除了上述内容，与客户沟通时保持相同的频率也非常重要。不管你的说话速度是快还是慢，你都要以客户的说话速度为准。假如客户讲话的速度比较快，你讲话的速度就要快一些；假如客户讲话的速度比较慢，你讲话的速度就要慢一些。只要保持同频就不会有错。

走红思维：如何打造销售的个人品牌？

《拆掉思维里的墙》的作者古典老师在得到专栏《超级个体》中写道，所有人都在说未来是一个"个体崛起"的时代，组织变化、行业跨界、个体能力越来越强——IP、U盘化生存、个人+平台模式、联盟思维……优秀的人能获得任何时代都没有的影响力和资源。

《哈佛商业评论》说,这是网络个人经济的开始,"新经济的单位不是企业,而是个体"。可见在这个时代,打造个人品牌是多么重要。

我之前已认识到打造个人品牌的重要性,但真正促使我行动起来的原因要追溯到2017年。2017年10月,我去北京中关村言又己书店参加了一场某作者的线下沙龙分享活动,正是这场活动彻底让我走上了打造个人品牌的赛道。

作者是一个"90后",刚刚参加工作没有几年,没有光鲜的职业头衔,就是一个普通的职员,语言表达和形象也不出众。我当时就在想,他这样的情况都能在自媒体的路上走得这么好,我有什么做不到的呢?无论是行业经验还是专业度,我感觉自己都有一定的优势,我也要勇敢地进入这个赛道。

1个月以后,我发出了人生中的第一篇微信公众号文章。当时我也是鼓足了勇气发出去的,生怕自己写得不好,被同事、朋友笑话。我怀着忐忑的心情来到公司,不但没有被同事取笑,还赢得了很多的鼓励和赞美。我的心一下子落了地,这种满足感是从来没有过的,我开心极了。自此,我正式踏上了自己的打造个人品牌之路。也幸亏那个时候的行动,不然也不会有出版这本书的机会。

我一边摸索,一边报名参加了很多学习班,不断自我精进。我利用业余时间着手打造个人品牌,一边做一边思考,作为一名一线销售人员,应该如何通过打造个人品牌,提升销售业绩。我展开了深入的调研和分析,发现一个不成文的规律:凡是业绩持续优秀的销售员,都是工作了很多年的资深销售员,他们有共同的特点,即都在一个公司持续工作了很多年，少则3年、5年、8年、10年的也有很多。我继续盘点自己以及身边优秀销售员的经历，发现打造个人品牌离不开下面这几件事。

定位与众不同	专注	口碑营销	创造
1.赋予名字一个好的含义 2.不断重复名字 3.角色定位与众不同	一个行业	250定律	里程碑事件

1. 定位与众不同

营销经典畅销书《定位》提出了被称为"有史以来对美国营销影响最大的观念"——定位，改变了人类"满足需求"的旧有营销认识，开创了"胜出竞争"的营销之道。不仅企业品牌营销要做好定位，个人品牌也同样如此。

营销定位中特别强调的一点是，"不同胜过更好"。所以，我们要把自己定位成一个与众不同的销售员。与众不同才能让客户更好地记住我们。

★赋予名字一个好的含义

我曾参加过樊登读书会的一个线下活动，活动上有一位分享嘉宾就讲到了给名字赋予一个好含义的重要性，并且在现场进行了演示。他做自我介绍采取了两种方式，第一种是赋予名字好的含义，第二种则是直接报名字，收到的反馈大不相同。采取第二种方式的时候，他直截了当地说出名字，给现场观众留下的印象并不深刻，但当赋予这个名字好的含义的时候，大家一下子就记住了他，效果反差特别大。

作为销售员，我们每天都在跟客户沟通，会多次提到自己的名字。好的自我介绍方式能够快速引起客户的注意。

操作技巧

第一步：逐字介绍。

"我的名字是李金旺，拆分开是这样的，李嘉诚的李，一诺千金的金，兴旺发达的旺。"

第二步：赋予名字好的含义。

"我名字的含义是见到李金旺，立刻变兴旺；认识金旺，立刻旺旺旺。"

★不断重复名字

销售做久了都会遇到一种情况：同一个客户会有多位销售员跟进。在其他条件相当的情况下，客户对谁的名字记忆深刻，最后就会选谁合作，这已经成为业界公开的秘密。

我在360搜索销售团队时，将近300位销售员，这么多人都在开发客户，难免会同时联系到一个客户，有时候一个客户会有十几位销售员跟进。让客户记住你，是成单的关键。

操作技巧

第一步：开场时先说名字。我在做App客户端销售的时候，我打每通电话都会在开场时介绍自己的名字。

第二步：在聊天过程中再次谈起自己的名字。在聊天过程中，我会跟客户开玩笑说："跟我合作肯定有好处。"客户的好奇心只要被这样的问题吊起来了，他就会进一步问为什么。这时我会说："因为我的名字好，金旺让您的生意更兴旺。"

第三步：在沟通快结束的时候再次强调自己的名字。所谓重要的事情说三遍，我要达到的效果是，只要客户有一天想合作，就一定会先想到我的名字。

★ 角色定位与众不同

我们要结合个人的优势和特点，找出独特的定位。在360搜索的时候，我帮助团队的每一位销售员找到了各自的定位。例如，开发客户数量多的销售员的定位是开单"明星"，大客户开发得多的定位是大单"明星"，服务客户好的定位是服务之星，工作最拼搏的定位是铁军之星。

不同的定位代表着不同的优势和侧重点，这些都是我们打开客户信任大门的敲门砖。你可以从开发客户数量、服务客户质量、微笑服务、努力工作、转介绍、客户评价、大客户数量等维度思考自己的定位。

操作技巧

第一步：分析个人优势。我个人开发了很多大客户，擅长跟老板打交道，我服务的客户对我的评价也非常好，所以我给自己的定位是大客户销售专家，擅长开发和维护大客户。

第二步：分析个人独特的点。我的口才不是最好的，但我最喜欢跟客户真诚对话，我都是发自肺腑地跟客户分析购买产品的好处。真诚是我的个性优势，我服务过的客户都说我特别实在。

这里需要提醒的是，无论你将自己定位成什么类型，都一定要努力去匹配这个标签，凸显这个标签，让客户感觉到你的行为和标签是一致的。

2.专注在一个行业

个人品牌的形成需要专注，需要聚焦。作为销售员，一定要专注在一个行业，争取成为行业专家。假如你今年做互联网广告，明年做金融理财，后年做教育培训，大后年做化妆品，再下一年做房地产，那么你不但不能形成好的个人品牌影响力，反而会失去客户对你的信任。客户都喜欢跟稳定、专业的销售员合作，因为客户都希望可以得到专业、持续的优质服务。

3. 做好口碑营销

世界著名销售大师乔·吉拉德经过不断的实践，总结出了"250定律"，他认为每一位客户身后大概有250名亲朋好友。如果你赢得了一位客户的好感，就意味着赢得了250个人的好感；反之，如果你得罪了一名客户，就意味着得罪了250名客户。在移动互联网时代，我认为这个数字会被放大很多倍。

口碑营销是打造个人品牌的最佳利器，口碑也在影响客户的购买决策。俗话说，金杯银杯不如老百姓的口碑。这句话在销售员身上同样适用，再好的营销都比不过客户对销售员的赞誉。

我们现在越来越重视口碑，不管是在什么类型的网上平台购物，都会看客户的评价。好评越多，我们在这家店购物的可能性就会越大。如果差评很多，估计我们就不会在此消费了。

有一次我陪爱人去新世界商场买皮鞋，来到一家皮鞋品牌店，一个女导购很亲切地上前问候，并给我爱人推荐了几款畅销女鞋，同时特别耐心地为我们找鞋子，没有任何的抱怨和不情愿。但我爱人试了几双，确实没发现特别喜欢的鞋子，当时就没有买。从进店到离开，这个导购一直很热情地在服务。我们俩也是心肠特别软的人，离开的时候感觉挺不好意思的，说下次买鞋一定来找这位导购。

没过几天，我和爱人又来到了这家店，我们点名找上次的导购，但她当时不在店里，同事说她去新世界二期做支持促销了。于是我们就跑到二期去找她，让她推荐合适的女鞋。那位导购看到我们俩特别开心，也感觉很诧异，依旧很热情地给我们推荐了鞋子。那一次，那位导购跟我们做了第一笔生意。那一刻她也许还没意识到，我们以后会成为她的忠实客户。

过了两个月我们又去找她买了两双鞋：一双男鞋、一双女鞋。同时就在那个月，我们还推荐了好几位同事去她们店买鞋。目前那位导购已经获得了50多位推荐客户的光顾。如果她没有做好第一次的接待，没有为第一个客户提供好的服务，就不会有这么多的订单。

做好口碑营销的第一步就是做好老客户服务。优秀的销售员会把80%的时间投入到服务老客户身上，把20%的时间投入到开发新客户上。因为一旦把大部分的时间放在老客户身上，就意味着老客户开始帮忙做转介绍，我们的业绩会快速好起来。

4. 创造里程碑事件

要打造个人品牌，就必须创造里程碑事件，努力做到行业领先。换句话说就是，你必须创造出一些惊人的业绩。比如，我在做App客户端销售的时候，用半年的时间做了别人1年多的业绩，成为公司最佳销售员。

再如，在360搜索带销售团队的时候，我带领团队在2016年3月创造了单月新开订单破百单的历史纪录，后来又陆续创造了团队业绩破百万的纪录。这些都是里程碑事件，我可以把这些业绩不断地讲给客户听，树立我的权威性和专业性。

注意，在给客户介绍的时候，一定要有真凭实据，不能信口开河。最好是有真实可查的数据，数字是不会骗人的，这样更有说服力。

打造个人品牌是一项大工程，需要我们不断坚持，只要坚持住，我们终将会有收获。

读心术：如何快速读懂客户，建立信任感？

在 360 搜索销售团队时，我创办了一个"人才研究院"，主要是为了帮助我团队"狼牙军团"的小伙伴快速成长，为小伙伴做激励和辅导。每个新人加入到狼牙军团，都会接受一系列的销售培训。

在一次新人销售培训上，我问大家如何快速读懂客户，建立信任感，大家众说纷纭：多打电话，多跟客户见面，多说产品的优势，多说自己的优势，等等。这些都很对，但我认为快速读懂客户是建立信任感的前提。

我在做 SaaS 软件区域经理的时候，成交过一个经销快消品的客户赵总。第一次通电话赵总就表示对产品有意向，我们聊了 20 多分钟，挂断电话后我特别开心，觉得自己找到了一个好的意向客户，我们还互相加了微信。

我知道仅仅通过一通电话很难跟客户建立起信任感，我还要从更多维度去了解他。我把客户的微信朋友圈看了一遍，然后又进入他们公司的官网查看了一遍，同时还查了他们公司的工商企业信息。通过这些信息我对这个客户有了初步的判断：赵总属于个人能力很强，精明、能干型的老板，做事也很谨慎。

为了进一步跟客户建立信任感，下班后我们在微信上又聊过几次，交流了很多关于行业的想法和认识，也聊了聊个人的兴趣爱好和工作经历。通过聊天,我发现了彼此的共同点,我们俩都是做销售出身的,对于销售工作有着共同的理解,很快我们的关系就越来越近了。后来我打电话把赵总邀约到了北京的办公室。他来的那天刚好是周六,公司加班的人不多,我带他参观了公司的办公环境。当我见到他的时候就更加肯定了我的判断,赵总穿着朴素,精气神很足,给人传达出一种精明、干练的感觉。我瞬间就意识到,一定要很实在地跟赵总沟通,不然订单一定拿不下来。

在办公室我给赵总演示了一遍软件的后台和前台操作情况,他看完后也表示认可。赵总确实很实在,他只想踏踏实实做事,但估计前期的购买预算不是很多,我心里大概有数了。

周一上班后,我跟总监汇报了赵总的情况,想给赵总申请个特批优惠。总监为了帮助我冲业绩,就同意给他优惠价。我马上把消息告诉了赵总,他很爽快,让我走合同流程,并在周二完成签约付款。从开始联系到成交,不到一周的时间,整个过程还是比较顺利的。

这个订单之所以比较顺利,一个重要的原因就是我对客户的了解比较多,并针对他的需求制定了相应的解决方案。

接下来我就讲一讲我多年积累的关于如何快速读懂客户的经验。

快速读懂客户

QQ、微信签名、微信朋友圈	项链
手机号	手表
面色	穿着打扮
香水味	包包

1. 手机号

手机号可以从某种程度上反映一个人的身份,若手机尾号是

6666、8888、1111等，说明客户是比较有实力的，他们一般比较喜欢高品质、独一无二的东西。跟这样的客户谈合作要重点强调产品的独特性和唯一性。

1390号段的手机号是中国移动最早的一批手机号，之所以稀缺，是因为该号段是补位出来的，而不是放出来的。

1390是第一批上市的手机号段，大概在1994年，那会儿大家都用什么手机？没错，大哥大！普通人是用不起"大哥大"的，都是最早一批下海经商的人才用的，所以后来1390号段的号码也被视为"江湖地位"的体现，尤其是北京的1390号段，背后的主人很可能非富即贵。对于销售员，这应该是常识。

2. 手表

社会上流行一句话："穷玩车，富玩表。"老一辈说的车应该是自行车，今日已经演变为汽车，但实质是一样的。美国宾夕法尼亚大学的文学教授保罗·福赛尔很早就解释过这类问题：越是上层社会，越是需要消费实用价值低、性价比低的东西。富人经常会花掉很多可花可不花的钱，这是上层社会的有力标志。

手表的价格从几百元到几百万元不等，差异巨大。手表在某种程度上体现了一个人的经济实力、消费偏好以及个人审美。在见客户的时候一定要注意客户的手表，尤其是男士的手表。

我在做App客户端销售的时候，合作过一个做医疗美容的男客户，第一次跟他见面就被他的欧米茄手表所吸引，还好前几天从时尚杂志上看到过那款手表，价格在5万元左右（如今这个价位的表可能很常见，但当时的确可以反映出客户的经济实力）。客户既然佩戴这么贵重的手表，代表他很有实力，而且追求完美、注重品质。

我从杂志上了解到欧米茄手表有追求卓越、完美的定位，在跟客户沟通的过程中我便重点强调了公司产品的独特性和公司可以提供的高品质服务，在很大程度上满足了客户的需求，最终跟客户达成合作。后来他成了公司的 VIP 客户，为我们团队创造了丰厚的利润。

我建议销售人员了解一下有关手表方面的常识，如今客户手上佩戴上百万元的表很常见，如果你不了解表的价值，就很可能会错过一些大客户。

3. QQ、微信签名、微信朋友圈

QQ、微信签名在某种程度上代表着一个人的心理状态和性格特点，每个人的表达方式和内容，都是基于他过往的经历与认知的。

我有一个做软件开发的客户，他的微信签名是"行善事、积福报"。这个签名从某种程度上反映了客户很善良，比较重视因果报应。我在跟他沟通的时候，有意识地谈到了这方面的事，很快就和客户拉近了关系。

微信朋友圈就更不用说了，这是我们做销售员的必看信息，朋友圈在一定程度上可以反映一个人的工作、生活状态。我有个客户是做在线教育的，他经常在朋友圈发跑步的状态，代表客户比较喜欢跑步。有一次我在微信里约他一起到奥林匹克森林公园跑步，跑步的过程中我们交流了很多理念和想法，彼此很聊得来，当周就达成了合作。正是因为我抓住跑步这个点快速地切入，建立了客户的信任感，才拿下了订单。

4. 穿着打扮

穿着打扮是一个人审美观和性格特点的反映，更是一个人价值观的部分呈现。西装革履和穿非主流服装的人，大概率不是一类人。

要从穿衣打扮判断客户的审美、喜好、性格等，除了要长时间观察之外，还要了解心理学。特殊场合的穿衣习惯不能作为判断依据，如谈判的时候、出席正式场合的时候，大部分人都身着正装。我们要注意观察非特殊场合的着装习惯，即平时喜欢穿什么。

喜欢华丽服饰尤其是奢侈品牌的客户，一般比较爱出风头，有很强的表现欲望。销售员应该抓住这一心理特点，夸赞他们的服饰，同时也要对奢侈品有一定的了解。我在今日头条工作的时候，KA（大客户销售部）的同事都很在意这一点，经常名牌加身。有人觉得俗气，但其实很好理解，很多做生意的人可能没有房子，但是一定有一辆豪车，就是为了彰显实力。

穿衣风格一成不变的客户，很可能是比较传统的类型，他们很可能不善于调整、接受新的意见，与这类客户接触一定要谨慎。

喜欢宽松服装的客户很可能性格内向，有些被动。这就要求销售人员主动一点，不要误认为对方没兴趣而草率放弃。

服装款式简单、颜色单一的客户，比较看重效率与结果，所以最好的沟通方式是砍掉冗余的客套环节，有话直说。

喜欢搭配繁复的饰品、经常穿着不同款式衣服的客户，比较挑剔，喜欢追求完美，同时也说明他们喜欢或容易接受有创意的方案。

5. 面色

假如你见到一个客户，发现他面色苍老，如实际年龄才30岁，看起来却像50岁，一般说明客户过去有过相对艰苦的经历。这样的客户大多比较喜欢吃苦耐劳的销售员，我们在沟通的过程中可以谈谈自己的工作经历，突出一下自己吃苦耐劳的品质，这样很容易跟客户达成共识，会比较容易赢得客户的信赖。

6. 香水味

不同味道的香水代表的魅力是不一样的。比如，香奈儿5号呈现的是女性的优雅魅力，而迪奥的毒药香水呈现的则是女性的狂野和魅惑。

在360搜索时，我跟销售员Rex见过一个做红酒的女客户杨总，跟她见面时远远地就能闻到香水的味道，传递出了她的优雅。趁着空当我迅速告诉Rex，一定要表现得举止得体，注意言辞，客户很在意这些。我跟Rex本身也属于比较文气的销售员，在谈单的时候又贴近杨总的节奏和风格，很快就获得了客户的认可。客户说我们是她见过的销售员中最文气的，最终很爽快地跟我们签了订单。

7. 项链

女性佩戴项链是为了修饰自己，说明她们比较喜欢美。遇到这样的客户，可以赞美客户的项链好看。但如果是男性佩戴项链，那么往往跟他的价值观、个性表达、炫耀或张扬的性格有关。

我曾跟销售员Sun去房山见做机械设备的客户孙总，我们俩一见到孙总就被震住了。那时刚好是夏天，特别热，孙总佩戴了一条很粗的黄金项链，瞬间我就意识到孙总大概是一个很爽快的人。这样的打扮，多半情况下代表他在炫富，很有可能是土老板或暴发户。我们在谈单的时候特别注意夸赞孙总，说他的生意做得大、有想法。当然，这确实是事实，不能过分恭维，不然也会适得其反。整场交谈下来，孙总一直在笑，我内心知道，这个订单八成能搞定。最后我们成功签单，而且孙总是用现金付款的，很爽快。

8. 包包

包包是最能凸显女性身份和气质的装饰品，同时也是女士对生活品质的追求及收入状况的体现，见女客户时要重点关注她的包包。

PART 9 情商大师：客户高兴了，业绩就上去了

有一次我陪一个新人去见一个做纸箱的客户，他们专门给天猫、京东、唯品会等电商平台供应包装箱。本来约的是老板王总，但王总临时有事出去了，老板娘赵总接待了我们。当时她刚从外面办事回来，进入办公室时手里拿着一个包包，我一看是香奈儿的经典款，价格在5万元左右，就知道赵总是比较有实力、比较注重生活品质的人。于是在沟通的过程中我重点说了我们对工作的追求以及公司产品的高价值，很快就获得了赵总的认可。经过半个小时左右的沟通，最终成功签单。

读懂客户是一门很大的学问，需要我们不断地去研究，包括了解奢侈品品牌、形象设计、生活常识、心理学知识等。读懂客户，然后采取对应的措施，是建立信任感的关键之一。

【自我训练】——读心训练

每次见客户前、中、后，要迅速在脑海中过一遍下表中的这些信息，结束谈话后记录下来，便于以后更好地合作（表9-1）。

表9-1 读心训练表

客户姓名： 公司： 职务：

细节	含义	应对策略
手机号：		
手表：		
QQ、微信签名、微信朋友圈：		
穿着打扮：		
面色：		
香水：		
项链：		
包包：		

零压管理：高压之下如何快速调整？

职场中的每个人都有压力，而从事销售工作的人绝对算是超高压力人群了。也正是因为如此大的压力，很多人不敢踏进销售这一行。我从做销售员开始，一直扛着各种压力，做一线销售员的时候有个人业绩压力，做销售管理者的时候有团队的业绩压力，有时候的确喘不过气来。

在360搜索的时候，我从带一支销售团队到带5支销售团队，从带21人的团队到带60多人的团队，身上的担子越来越重，那段时间是我职业生涯中压力最大的时候。不仅是我，团队的销售伙伴也是如此。为了减压，我不断寻找、尝试各种减压的方法，终于在探索中找到了一些比较容易落地的方法。

1. 专注在做的事，享受做每件事的过程

我是樊登读书最早的一批"粉丝"，每个月都会听几本书。在听樊登老师讲《和繁重的工作一起修行》的时候，我从书中学到一个减压方法，那就是活在当下，专注在做的事情，享受做每件事的过程。当我们这样做的时候，压力就会被抛诸脑后。很多时候我们的压力来自回忆过去和想象未来，不去过多遐想的时候，我们的压力就会降下来。

我在做一件事情的时候，总想赶紧把它做完，之后再赶紧去做下一件事。可是这样的想法让我产生了焦虑感，从而引发了压力。比如，在洗衣服的时候想着赶紧洗完去看电视，在吃苹果的时候想着赶紧吃完再去吃橘子，在做周计划的时候想着赶紧做完好去做销售培训。我不知道你是否也有这样的行为，如果有，你需要改一下，让自己变得

专注。当我开始专注时,感觉压力小了很多。

2. 有意识地休息放松

我带过的销售团队伙伴都叫我"工作狂",我特别痴迷于工作,一有新任务,加班加点我也要赶紧把工作完成。长期以来,我总是不断地工作,同时处理很多事情,中间从不休息,很多时候一上午都顾不上喝一口水,每天弄得自己紧张兮兮、忙忙碌碌的,时常会头昏脑涨,不到这个程度,我是不会停下来的。

我原以为这样是高效率地工作,直到有一天我从一本书上看到一些理论,才发现我是大错特错了。书中是这样说的:"当你从一项工作转移到另一项工作,中间不休息或比较急躁时,大脑会疲惫、会变迟钝,工作效率会大幅下降,工作更容易出错,更容易导致压力大,更容易产生焦虑。"我的行为跟科学完全背道,怎么会有效率的提升呢?!从此以后,我就采取了工作一段时间就放松一下的方式,让大脑可以得到间歇的休息,这样压力减小了,效率反而得到了提升。

3. 跑步

跑步是最简单的运动,不需要专门的场地,不受任何限制,穿起跑鞋就可以跑了。跑步可以减少压力激素的分泌,放松心情、缓解焦虑;跑步可以排毒,刺激你分泌一些快乐激素,让你快乐。

优客工场董事长、万科前高级副总裁毛大庆,曾因治疗抑郁症而跑步,通过跑步把抑郁症治好了,还有效地降低了工作和生活的压力。

我有一段时间曾经因为压力特别大而导致颈椎疼痛加剧、眼睛上火、肝火过旺、焦虑不安,吃了一些中药也没什么效果。后来一个朋友告诉我:"坚持跑步,跑步会帮到你。"于是我便开始跑步。从开

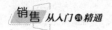

始的每次 3 公里，慢慢地到每次 5 公里，再到 7 公里、10 公里、15 公里，后来完成了半程马拉松（21.0975 公里）。通过跑步，我的颈椎好了很多，我本人也快乐了很多，放松了很多。我现在已经深深地爱上了跑步，截至 2020 年，我已经完成了 4 个半马赛事。

4. 冥想

NBA 篮球教练菲尔杰克逊、篮球巨星科比·布莱恩特、大企业的 CEO、知名电视主持人、畅销书作家，甚至连美国海军陆战队队员，都在用冥想来缓解压力。

冥想的方法有很多，我分享一个我自己用过的、相对比较简单、易操作的方法。

你可以在中午休息或晚上回家的时候，找个安静的环境躺下来或者坐下来，闭上眼睛，内心不断地觉知、不断地感觉：我的脚趾在放松，我的脚在放松，我的小腿在放松，我的大腿在放松，我的屁股在放松，我的腰部在放松，我的后背在放松，我的肩部在放松，我的胳膊在放松，我的颈部在放松，我的头部在放松，我的全身都在放松（从脚趾开始，自下而上）。就这样，一直循环做下去。

一开始可能会不太适应，容易全身发痒，也容易走神，多次练习后会越来越好。每次 10 分钟，不断地在内心觉知。练习得越多，效果就越好。练习完后感觉神清气爽，压力感会减少很多。

5. 其他辅助减压措施

健康饮食、规律生活、听音乐、徒步、爬山、骑行、练太极拳、喂养宠物等，都可以在一定程度上缓解我们的工作压力。

工作中每个人都有压力，压力不可避免，减压是关键。一切的压力都来自我们的内心，我们要保持一颗积极乐观的心，去应对一切，那么一切都会好起来,压力也会化为动力。

下面是一项自我调查——减压调查表(表9-2),回忆一下你尝试过的减压项目,那些有效果的说明比较适合你,为此你需要制订进一步的练习计划。不断练习,养成习惯,压力过大的时候就可以采取行动了。

表9-2 减压调查表

你尝试过的减压项目	是否有效	练习计划

复盘思维:一个月损失了50万元业绩,只因为做错了3件事

2020年8月,我跟朋友Carl在北京小聚了一下。Carl是做企业管理咨询业务的,因为我们都是做销售管理业务的,所以就聊起了业务情况。他跟我分享了两个发生在他们公司的真实的销售案例,我听完后觉得特别有代表性,于是把它记录了下来。

1. 小看客户

Evan做管理咨询销售员有3年的时间了,他谈单的风格是高压销售,先跟客户来几轮博弈,能压倒对方就拿下单子;如果压不倒,就果断放弃。Evan的业绩忽高忽低,十分不稳定,因为疫情,2020年2月他的业绩是零,他特别渴望赶紧成交一笔大单,振奋一下精神。

3月初,Evan对接了一个深圳做求职培训的客户张总。张总的公司有100多人,他是打公司400电话主动咨询找到的Evan,对产品非常认可,意向度非常大。双方约定好做一次电话会议沟通,张总想系统地做一下了解,如果沟通得好,基本上就能签订合同了。

会议的前20分钟双方沟通得都挺好,但到了30分钟左右的时候,Evan突然说了一句话,直接让这个订单泡汤了。到底是说了什么话,导致了这么严重的后果呢?

他说:"我们的服务太贵了,估计您这边也支付不起,我可以帮你对接一个便宜一点的产品。"这句话说完后,张总就不说话了。张总已经生气了,但Evan还在自说自话。没过几分钟张总就说:"我了解得差不多了,再考虑一下。"双方就结束了这次沟通。第二天Evan再跟张总沟通,张总就委婉地拒绝了合作。本来这个订单可以签到30万元,就是因为Evan没有考虑客户的感受,讲话不走心,看不起客户,最终导致订单丢失。

Evan并没有意识到他的那句话很伤人,给客户的感觉特别不好。没有人愿意跟看不起自己的人合作。虽然Evan的本意可能并不是看不起客户,但客户不喜欢这样的表达。市场上的同类产品那么多,客户完全可以去找尊重他们的公司进行合作。

2. 谎报高价

3月中旬,Evan接到客户王总的主动咨询。王总的公司是做公务员考试培训业务的,公司有300多名销售员,他们的需求非常明确,想点名请一位老师到他们企业里做一次销售管理咨询。Evan了解到这个客户很有实力,而且对公司的老师特别认可,他想多做点业绩,于是把原价 10 万元 2 天的服务报成了 20 万元 2 天。

王总的公司请很多老师做过培训，对于市场价格还是有一些了解的。Evan 报到这样的价格，王总感觉不可思议，于是反复跟 Evan 砍价，希望他可以给个大的优惠，但 Evan 坚决不降价。因为这个预算已经大大超出了客户的预期，最终客户选择了放弃合作。几天后 Evan 打听到，王总找了一位跟 Evan 公司老师水平差不多的老师合作了，对方是按照市场价格结算的，并没有因为客户的需求大、认可度高就胡乱报价。

现在互联网如此发达，Evan 居然还想通过信息不对称来敲客户一笔，这样的心理很不健康。一旦客户了解到市场价格，Evan 在客户那里的信任支柱就会瞬间崩塌，客户对 Evan 就再也不信任了。

3. 不做复盘

小看客户、谎报高价，这都是销售过程中的大忌，Evan 都触犯了。更可怕的是，他并没有意识到自己的问题，也没有对这些事复盘，导致他一直在犯同样的错误，所以业绩忽高忽低，甚至没有业绩。

作为销售员，每一次谈单之后都应该做复盘，回顾整个谈单过程中到底哪些方面做得好，哪些方面做得不好；哪里需要改进，哪里需要避免。这样持续思考后，下次谈单的时候就会更加顺畅。

【自我训练】——谈单复盘训练

下面是我开发的一个谈单复盘训练表（表 9-3），按照这个表格练习 21 天，你的谈单水平一定会有所提高。

表9-3　谈单复盘训练表

谈单流程	做法	好处	不足
准备	成交意识准备		
	自我形象准备		

续表

谈单流程	做法	好处	不足
准备	客户公司背景资料准备		
	决策人资料准备		
开场白	见面介绍		
寒暄	破冰、缓和气氛		
挖需求	客户想要什么样的解决方案		
塑造产品价值	产品的独特优势、合作理由		
异议处理	竞品分析、价格对比、疑难问题解答		
逼单	用了什么技巧促进签单		
突发事件处理	针对谈单中的突发情况的应对方法		
成交的主要原因			
不成交的主要原因			

参考文献

[1]艾·里斯,杰克·特劳特.定位:争夺用户心智的战争[M].邓德隆,火华强,译.北京:机械工业出版社,2021.

[2]奥格·曼狄诺.世界上最伟大的推销员[M].安辽,译.北京:世界知识出版社,2018.

[3]稻盛和夫.活法[M].曹岫云,译.北京:东方出版社,2019.

[4]史蒂芬·柯维.高效能人士的7个习惯[M].葛雪蕾,王建华,杨真,等译.北京:中国青年出版社,2020.

[5]稻盛和夫.干法[M].曹岫云,译.北京:华文出版社,2010.

[6]古典.拆掉思维里的墙[M].北京:中国书店出版社,2010.

[7]张宏杰.曾国藩的正面与侧面[M].北京:民主与建设出版社,2014.

[8]一行禅师.和繁重的工作一起修行[M].向兆明,译.郑州:河南文艺出版社,2015.

[9]莱昂纳多·因基莱里,迈卡·所罗门.超预期:智能时代提升客户黏性的服务细节[M].杨波,译.南昌:江西人民出版社,2017.

[10]斯坦尼斯拉夫斯基.演员的自我修养[M].李志坤,陈亚祥,译.北京:台海出版社,2017.

[11]曾国藩.曾国藩家书[M].张雪健,译.西安:三秦出版社,2018.

[12]贺学友.销售铁军[M].北京:中信出版集团,2019.